Über dieses Buch Anknüpfend an eine alte Tradition des Werkkreises, versammelt dieser Band aktuelle Reportagen aus bundesrepublikanischen Betrieben. Die Betroffenen kommen selbst zu Wort, berichten authentisch, wie der Arbeitsplatz erlebt und auch erlitten wird.
So schildert die Kassiererin eines Supermarktes nicht nur ihre Schwerstarbeit, die sie täglich leisten muß, sondern auch, wie sie und ihre Kolleginnen sich Drucksituationen ihres Arbeitgebers nicht entziehen können – aus Angst um ihre Arbeitsplätze.
Von wachsendem Arbeitsdruck, gesteigerten Anforderungen, Sparmaßnahmen ist in allen Berichten zu lesen; aber auch, wie es Kolleginnen und Kollegen doch immer wieder schaffen, sich durch Solidarität untereinander den Arbeitsalltag erträglicher zu gestalten.
Zwei Reportagen beschäftigen sich mit den Lebens- und Arbeitsbedingungen in selbstverwalteten Betrieben. Ohne die Probleme und Schwierigkeiten zu verschweigen, bringen sie aber doch zum Ausdruck, daß dort im Gegensatz zu herkömmlichen Betrieben eher die Möglichkeit zur Selbstverwirklichung geboten wird.

Werkkreis Literatur der Arbeitswelt

Vor Ort

Betriebsreportagen

Herausgegeben von
der Werkstatt Frankfurt am Main

Fischer Taschenbuch Verlag

Originalausgabe
Veröffentlicht im Fischer Taschenbuch Verlag GmbH,
Frankfurt am Main, Februar 1987

Umschlagentwurf: Jan Buchholz/Reni Hinsch
Gesamtherstellung: Clausen & Bosse, Leck
Printed in Germany
880-ISBN-3-596-25293-8

Inhalt

Vorwort der Herausgeber 7

Wir wollen unser Recht

Jan Palstek — Zum ersten Mal seit 90 Jahren . 11

Heinrich Droege — Wir wollen unser Recht 19

Jutta Roitsch — Wenn wir solchen Zirkus machten 32

Pille gegen Streß gesucht

Sabine Rosenbladt — Betrogen von vorne bis hinten 41

Anne-Rose Dostalek — Pille gegen Streß gesucht! . . . 48

Ingrid Eißele — Nach dem Akkord die Langeweile 53

Auf unseren Knochen

Heinrich Droege — Auf unseren Knochen Bei Europas größtem Arbeitgeber: der Post 61

Fräulein vom Amt. Der Monolog der Barbara M. . . . 61

Verkabelung im Baubezirk Worms 65

Mitten in der Nacht. Arbeitsalltag einer Briefsortiererin 71

Klaus Pokatzky — Die Ausrottung der Bleiläuse . . 75

Horst Scharnagl — Eisenbahner: Vom Regen in die Traufe 80

Nur ein mieser Job?

Gert Midinet — Und morgen beginnt das ganze von vorn 89

Georg Diederichs — Sektionsgehilfe – Nur ein mieser Job? 94

Bernhard Wagner — Not am Mann 106

Castrop-Rauxel: Ein Beispiel?

Eberhard Kirchhoff — Mosaik einer sterbenden Stadt: Castrop-Rauxel oder Eine Stadt will leben 113

Jochen Meier — Solche triffst Du überall 122

Selbstverwaltung: Eine Alternative?

Ulrich Land — Avanti, Avanti 131

Franz Scheidel — Die Krebsmühle: Alternativfabrik – Fabrikalternative? 143

Die Autoren 150

Die Herausgeber 151

Quellenverzeichnis 151

Der Werkkreis in eigener Sache 152

Vorwort der Herausgeber

Die Reportage ist eine oft zu Unrecht gering geachtete literarische Form. Gerade wenn es darum geht, bestimmten gesellschaftlichen Entwicklungen nachzugehen, soziale Wirklichkeit einzufangen, blitzlichtartig den betrieblichen Alltag auszuleuchten, gibt es keine geeignetere. Die vorliegenden Texte verdienen über den Tag hinaus Beachtung, weil sie beispielhaft Zustände und Trends aus unserem Betriebsalltag aufzeigen.
Das ist zum Teil spannend, weil unglaublich, wie der Beitrag von Heinrich Droege über den Kampf der Kollegen eines Autoradio-Herstellers, bei dem die Geschäftsleitung die Anerkennung eines Tarifvertrags verweigerte, dabei nicht davor zurückschreckte, einen Betriebsrat tätlich anzugreifen und einem Gewerkschaftsvertreter den Zugang zum Betrieb zu verwehren.
Es ist wichtig, darüber zu schreiben, daß es notwendig und möglich ist, den verschiedensten Angriffen Widerstand entgegenzusetzen und dabei auch Erfolge zu erzielen. Dies gilt auch für die Rationalisierung in den Betrieben, wie sie Klaus Pokatzky für den Bereich der Druckindustrie schildert.
Wir haben in einigen Texten besonders die Arbeitsplätze von Frauen beleuchtet. Denn nach wie vor erhalten Frauen noch immer nicht den gleichen Lohn für gleiche Arbeit wie Männer. Nach wie vor müssen sie sich aufgrund der Arbeitsplatzsituation mit weniger qualifizierten und monotonen Arbeitsplätzen begnügen. Dazu in den meisten Fällen die Sorge um Haushalt und Familie. Wir hoffen, daß gerade diese Beiträge das Bewußtsein für die besonderen Probleme der Frauen wecken und Widerstand mobilisieren.
Am Schluß des Bandes sind zwei Reportagen aus selbstverwalteten Betrieben in der Gegenüberstellung zu den Lebens- und Arbeitsbedingungen in herkömmlichen Betrieben. Ohne die Probleme und Schwierigkeiten verschweigen zu wollen, zeigt sich doch, daß es auch andere Möglichkeiten gibt, sich den herrschenden gesellschaftlichen Umständen zu stellen.

Noch immer gilt:
»Wer kämpft, kann verlieren.
Wer nicht kämpft, hat schon verloren.«

Wir wollen unser Recht

Jan Palstek

Zum erstenmal seit 90 Jahren

Auf dem Roll-on-Roll-off-Schiff »Sloman Rover« rollt nichts mehr. Die Laderampe am Heck ist hochgezogen. Die Bordkräne recken ihre Ausleger untätig in den Himmel. Ungewohnte Stille im Hafen. Wo sonst das Rufen der Hafenarbeiter und das Rattern der Züge keine anderen Geräusche zuläßt, klingen heute, an diesem Dienstagabend, die schmissigen Lieder des Shanty Chors *Hart Backbord* über die trübe Brühe des Hafenbeckens:

Solidaritätskonzert für die streikenden Seeleute.

In Haifa und Rotterdam, in Hamburg und Le Havre ebenso wie in Vancouver und vielen anderen Häfen der Welt, haben auch hier in Bremen Matrosen und Köche, Stewards und Offiziere ihre Arbeit niedergelegt.

Streikposten bewachen die Gangway des 1000 Bruttoregistertonnen großen Schiffes. Weit sichtbar die Transparente:

»Dieses Schiff wird bestreikt«

»This ship is black«

»En este barco se está en huelga«.

Besatzungsmitglieder und Funktionäre der ÖTV hocken in der Messe, diskutieren miteinander. Liefern sich Wortgefechte mit Reedereivertretern und dem Eigner des zweiten, im Hafen bestreikten Schiffes, der »Sloman Royal«, das heute auslaufen sollte. Der Eigner, Heino Winter, hatte mehrmals die Polizei gerufen, um den ÖTV-Kollegen den Zugang zum Schiff zu verweigern. Er hatte gedroht, sieben Mann der Besatzung – die Offiziere beteiligen sich nicht am Streik – auszuwechseln. Er meint: »Fremde Leute an Bord, das ist Hausfriedensbruch und Verletzung meiner Eigentumsrechte.«

Holger Wohlleben, stellvertretender Bezirksleiter der ÖTV, schon seit gestern morgen sechs Uhr auf den Beinen, sieht die Rechtslage anders: »Während eines regulären Arbeitskampfes bleibt das Schiff die Wohnung des Seemanns, mit freiem Zutritt in Messe und Kammern für seine Gewerkschaftsvertreter.«

Auf der Kaje stoppt der rote Bulli der ÖTV. Michael Blanke, Seebetriebsrat der VTG, bringt neue Meldungen aus dem

Streikbüro. Bereits 31 Schiffe werden weltweit von deutschen Seeleuten bestreikt.
Jemand fragt: »Ist das Essen für die Leute auf der »Royal« geliefert worden?« »Sicher doch, die haben schon bald wieder Hunger«, tönt es aus einer Ecke zurück. Auf der »Royal« wird, im Gegensatz zur »Rover«, nicht gekocht. Weil die Offiziere dort nicht mitstreiken, lehnt es der Koch ab, die Kombüse zu betreten. Er steht lieber mit am Steg als Streikposten.

Zu dem Streik, dem ersten in der deutschen Seeschiffahrt seit neunzig Jahren, kam es, als die ÖTV den Spruch des Schlichters Hans Fahning, am späten Freitagabend, ablehnte. Zwar sollte die Heuer um drei Prozent angehoben werden, drei Tage mehr Urlaub waren vorgesehen. Zugleich aber hätte der Spruch eine Erhöhung der wöchentlichen Arbeitszeit auf 56 Stunden bedeutet. Durch den Wegfall der Unterbesetzungszulage sowie der Ausdehnung der Fahrtgebiete hätten die Seeleute mit Einkommenseinbußen bis zu 40 Prozent rechnen müssen.
Die ÖTV fordert 30 Tage mehr Urlaub, außerdem muß der 40 Punkte umfassende »Horrorkatalog« mit den Forderungen des Reederverbandes in der Mülltonne landen. Steuermann Peter Hillenberg: »Die Reeder fordern Zustände wie in den dreißiger Jahren. Wir sollen zum Beispiel Bettwäsche und Eßgeschirr wieder selbst mit an Bord bringen.« Dreißig Tage mehr Freizeit im Jahr, damit würden die Ruhezeiten der Seeleute denen der Arbeiter an Land angeglichen werden. »Wir haben zwar Ruhezeiten auf See, sind aber an Bord, also mehr oder weniger im Dienst«, sagt einer der Streikenden, und weiter: »Stell Dir mal vor, jemand an Land käme auf die Idee, seine Arbeiter oder Angestellten nach Feierabend nicht nach Hause gehen zu lassen, sondern die müßten ihre Freizeit in der Fabrik verbringen; die werden aber ganz schnell auf die Barrikaden steigen.«
Die Seeleute werfen den Reedern vor, mit einem »Schweinekatalog« in die Tarifverhandlungen gegangen zu sein, um sie zu blockieren. Die Reeder fordern eine Veränderung der Fahrtgebiete, das heißt, daß die *Kleine* und die *Mittlere Fahrt* erweitert werden soll. Einkommenseinbußen bis zu 40 Prozent für Offiziere und Kapitäne hätte das zur Folge. Das weitere Ziel der Reeder ist es, Leichtlohngruppen einzuführen. Vor allen Dingen geht es ihnen aber darum, den Acht-Stunden-Tag an sieben Tagen in der Woche festzuschreiben. Samstage, Sonn- und Feiertage wären dann normale Arbeitstage.

»Einen Rückfall ins 19. Jahrhundert« schimpft der Erste Ingenieur der »Sloman Rover«.
»Nachdem die Reeder in den letzten 15 Jahren mehr als 30000 Arbeitsplätze vernichtet haben, nachdem bereits mehr als 45 Prozent ihrer Schiffe unter ›Billigflaggen‹ fahren und nachdem sie die höchste Arbeitslosigkeit nach dem zweiten Weltkrieg in der Seeschiffahrt produziert haben, fühlen sie sich stark genug, die Gunst der Stunde zu nutzen, und gehen zum Angriff über.« So ein Student der Hochschule für Nautik. Die Studenten hatten einstimmig beschlossen, den Unterricht zu boykottieren. Am Nachmittag waren sie in einem Protestmarsch zum Hafen gezogen. Nun stehen sie mit ihren zukünftigen Kollegen auf der Kaje, Streikwache halten. Einzelne von ihnen sind sogar nach Antwerpen und Rotterdam gefahren, um dort die Streikfront zu stärken. Unter dem blaugelben Schornstein klebt das beschriftete Bettlaken: »Wir Studenten der Hochschule für Nautik Bremen unterstützen den berechtigten Kampf unserer Kollegen für bessere Arbeitsbedingungen und mehr Freizeit.«
Peter Rieper, Erster Offizier der »Sloman Rover«, zu der Forderung der Reeder, die Fahrtgebiete auszudehnen: »Das bedeutet doch, daß du mit deinem Führerschein Klasse 3 auf einmal einen großen LKW fahren sollst, aber bezahlt wirst du nur für den kleinen; das machst du doch nicht mit.«
Die Seeleute und Gäste harren, trotz des nichtendenwollenden Nieselregens, weiter an Deck aus. Einige klatschen zum Rhythmus der Lieder des Shanty Chors. Manche singen mit. Kleine Gesprächsgruppen haben sich gebildet. Ein paar Flaschen Korn werden weitergereicht – die DKP hatte sie mit einem Solidaritätsschreiben an Bord gebracht. Die Besatzung hat zwei Kisten Bier dazugesteuert und für die Kinder steht eine Palette Brause bereit. Immer neue Solidaritätsgrüße werden verlesen. Viele von Holger Wohlleben, der vom vielen Reden durch das Megaphon schon ein leichtes Kratzen im Hals verspürt. Langsam ist ihm auch anzumerken, daß er während der letzten 24 Stunden kaum Schlaf gefunden hat, und wenn, dann doch nur auf der harten Pritsche im Streikbüro. Manche Briefe werden von ihren Verfassern selbst verlesen, so von dem Betriebsratsvorsitzenden einer Kaffeerösterei, mit fünf Kilo Kaffee unter dem Arm, oder der Kollegin von den IG Metall Frauen, die das Sitzungsgeld der letzten Sitzung an die Streikleitung weitergibt.

Streikende Seeleute
Foto: Erhard Nötzel

Kollegen berichten von der Streikfront in anderen Häfen. Zu einem Zwischenfall kam es in Trelleborg. Auf einem Fährschiff der TT-Linie. Ein Schlägertrupp, angeheuert vom Reeder, war mit Pistolen und Schlagstöcken an Bord gekommen, um die Leute zur Arbeit zu zwingen. Nur ein schnelles Eingreifen der schwedischen Polizei hat ein mögliches Unglück verhindert. Jubel an Deck. Ein Telegramm der australischen Hafenarbeiter wird verlesen: »Liebe Kollegen, wir unterstützen euren gerechten Kampf um bessere Arbeitsbedingungen und werden deshalb kein unter deutscher Flagge fahrendes Schiff abfertigen, auch dann nicht, wenn es nicht von den Leuten bestreikt wird.« In Rotterdam haben die Stauer nach Bekanntwerden des Streiks die Luken wieder zugezogen. Die finnischen Hafenarbeiter boykottieren jedes deutsche Schiff. In Bremen lehnen es die Beschäftigten des Hafens ab, die beiden Schiffe »Sloman Rover« und »Sloman Royal«, zu laden oder löschen, weil, wie sie sagen, die Sicherheit an Bord nicht gewährleistet ist.
Ein junger Matrose, seit zwei Monaten an Bord, ist soviel Trubel an Deck nicht gewohnt: »Daß es so etwas gibt! Diese Solidarität! Wir Seeleute waren doch sonst immer der letzte Dreck; um uns hat sich nie jemand gekümmert.« Er stellt die Flasche in eine Ecke. Sein von der Mittelmeersonne gebräuntes Gesicht hebt sich ab von den weißen Aufbauten. »41 Schiffe, das mußt du dir mal reinziehen, über 400 deutsche Seeleute haben den Hammer hingeschmissen, wenn das nicht toll ist.« Er schaut in die Runde, wippt die Füße im Takt der Musik und geht dann rüber zu einer Gruppe diskutierender Kollegen.
Jan Kahmann, Bezirksleiter der ÖTV, wird gefragt, warum die »Algol«, ein Schiff der Argo-Reederei, nicht bestreikt wird. Die »Algol« lag heute mittag im Containerhafen. Auf einer Bordversammlung sollte darüber beschlossen werden, ob Streik oder nicht. Die Besatzung hat sich gegen den Ausstand entschieden. Jan Kahmann berichtet: »Also, das war so. Zunächst einmal kam ein Reedereivertreter an Bord und hat allen an der Bordversammlung beteiligten Kollegen gekündigt. Wir haben ihn dann erst einmal darauf hingewiesen, daß er das mal hübsch bleiben lassen soll. Bei einer Bordversammlung besteht für die Beteiligten ein besonderer Kündigungsschutz. Nun besteht das Gros der Besatzung auf der »Algol« aus Türken, die waren alle bereit, die Arbeit niederzulegen. Verständlicherweise hat sie natürlich der Auftritt des Reedereitypen verunsichert, darum wollten sie, daß sich der Erste Offizier ebenso

am Streik beteiligt. Er wollte auch, nur als erster mochte er nicht die Hand heben, anscheinend hatte er Angst vor Konsequenzen seines Reeders. Natürlich muß man hier ganz deutlich sagen: Solche Leute sind Streikbrecher.«

Der Streik kam für die Reeder so überraschend, daß sie kaum Zeit fanden, geeignete Gegenmaßnahmen zu ergreifen. Drohungen wie: »Hier werden Arbeitsplätze weggestreikt« oder »wir müssen darüber nachdenken, ob wir in der Zukunft noch alle Schiffe unter deutscher Flagge halten können« waren aus den Vorstandsctagen der Reedereiverbände zu hören. Der ÖTV wurde vorgeworfen, der Arbeitskampf verstoße gegen das Prinzip der Verhältnismäßigkeit. Darum sei er unzulässig. Die Reeder telegrafierten ihren Kapitänen auf See, die Schiffe vor sich hindümpeln zu lassen, damit sie keinen Hafen anlaufen müssen. So wollten sie dem Streik ausweichen.

Wie sollten die Reeder auch damit rechnen, solch eine Solidarität bei den Seeleuten zu finden, wo doch der letzte Streik in der deutschen Seeschiffahrt 90 Jahre zurückliegt.

Damals 1896, hatten sich Hafenarbeiter und Seeleute zusammengeschlossen. Gemeinsam setzten sie sich gegen eine Reduzierung der Löhne und Heuern zur Wehr. Eine Begrenzung der Normalarbeitszeit auf zehn Stunden und eine Erhöhung der Heuer forderten sie. Außerdem verlangten sie, daß das kriminelle Vermittlungssystem beseitigt würde. Der Begriff des »Shanghaiens« ist selbst Leuten die nichts mit der Seefahrt zu tun haben bekannt. Zu seiner Zeit war diese Methode der Personalbeschaffung in der Seeschiffahrt gang und gäbe. Besonders im 19. Jahrhundert, wo man sagen kann, daß niemand freiwillig an Bord gegangen ist. Die Leute wurden mit Alkohol abgefüllt, bis sie irgendwelche Verträge unterschrieben. Am anderen Tag fanden sie sich dann an Bord eines Schiffes wieder; manche Männer wurden sogar regelrecht gekidnapt. Der Streik wurde damals verloren. Doch danach begannen sich vereinzelt die Seeleute zu organisieren. In der Seemannsordnung von 1902 räumte man den Seeleuten zwar schon Koalitionsfreiheit im Hafen ein, Streik aber galt immer noch als Meuterei. Im Seemannsgesetz von 1957 wurde die 84-Stundenwoche festgeschrieben und ein uneingeschränktes Streikrecht zugestanden. Nach Verabschiedung des neuen Betriebsverfassungsgesetzes 1972, hatten die Seeleute erstmals das Recht, Bordvertretungen und Seebetriebsräte zu wählen. Die 40-Stundenwoche konnte nach langen Verhandlungen, im Jahre 1978 durchgesetzt werden. Ein langer Weg also, den die Seeleute hinter sich gebracht haben.

Ich gehe hinunter in die Messe; der Bootsmann, der Koch, ein Ingenieur, einer der Decksoffiziere und zwei Matrosen sitzen zusammen. Diskutieren lautstark. Durch Rauchschwaden eingenebelt, wird ein geschnitztes Brett sichtbar: »Salon Karina«. Ein kleiner Versuch, diesen Raum gemütlicher zu gestalten. Am Boden angeschraubte Tische, mit einfachen Stühlen. Hier werden sonst die drei Mahlzeiten serviert, die man üblicherweise an Bord einnimmt. Nach rechts fällt mein Blick in die Kombüse; zwei Männer hantieren am Herd, unterstützt von ihren Frauen. Bei diesem Streik macht jeder die Arbeit die gerade anfällt und die er kann.
»Was«, frage ich die Männer am Tisch, »hättet ihr gemacht, wenn Heino Winter wirklich versucht hätte, die Besatzung auf der »Royal« auszuwechseln?«
»Ach Gott, die wären doch gar nicht erst an Bord gekommen, wir hatten schon die Deckwaschschläuche parat liegen, die hätten sich 'nen schönen nassen Arsch geholt«, sagt einer der Matrosen. Drei Leute sind dagewesen, davon sind zwei sofort wieder gegangen, nachdem sie gehört hatten, um was es ging. Dem dritten wurde »gut zugeredet«, so daß auch er lieber wieder nach Hause gefahren ist.
Ein neuer Mann betritt die Messe, ebenfalls Koch, aber nicht von der »Rover« oder »Royal«, sondern von einem Schiff der größten deutschen Reederei, von Hapag Lloyd. Ein Telegramm hat ihn hergerufen. Er ist krankgeschrieben. Vor 14 Tagen erst aus dem Krankenhaus gekommen. Dennoch hat er es sich nicht nehmen lassen, den Streik zu unterstützen. Bauchspeicheldrüsenentzündung hatte er. Drei Monate hing er am Tropf. Ich sehe ihm an, daß er noch nicht richtig auf dem Damm ist.
Ich frage ihn, welche Auswirkungen es denn für ihn hätte, wenn die Regelarbeitszeit auf 56 Stunden wöchentlich ausgedehnt würde. »Na ja«, sagt er, »das ist ganz einfach, ich muß jeden Tag, den wir unterwegs sind ran; die Matrosen haben manchmal Glück, 'nen Tag auf See frei zu haben, obwohl sie da auch nicht viel anfangen können. Und im Hafen, was sollen sie da schon mit den paar Stunden, die wir da liegen, groß beschicken?«
»Genau, so sieht's aus«, ruft einer der Matrosen rüber, »nicht

mal mehr einen saufen kannste richtig, und ’nen Puff kenn ich nur noch vom Hörensagen.«
»Bei mir«, fährt der Koch fort, »sieht es noch beschissener aus. Jeden Morgen um sechs beginnt mein Arbeitstag; dann geht’s los, mit Frühstück-Vorbereiten, aber nicht einfach nur ein paar Brötchen auf die Back geknallt, mit Butter und Marmelade dabei, nee, die Leute wollen was Warmes: Spiegeleier, Bratkartoffeln, Pfannkuchen. Nach dem Frühstück, so gegen neun, muß ich zusehen, daß ich das Mittagessen bis um halb zwölf auf die Reihe kriege, dazwischen ist um zehn dann noch mal Teatime. Nach dem Mittag, so kurz nach eins, noch Backschaft machen, kommste auch erst um halb zwei aus der Kombüse. Bis viertel vor drei schnell ’ne Runde knacken, um drei wollen die ersten ihren Kaffee. Wenn das Abendessen bereitet ist, merke ich schon ganz schön, wie kaputt ich bin. Halb acht wirds, bis ich dann endlich in meiner Kammer sitze, und mir in Ruhe ’ne Flasche Bier reinziehen kann.«
»Du mußt ja, bei den Stunden die du abreißt, ’ne masse Kohle verdienen.«
»Dreisechs als Grundlohn brutto, da sind aber 100 Überstunden enthalten, dann noch 60 Stunden, die einzeln vergütet werden; da kommen schon ein paar Mark zusammen.« Sein Gesicht rötet sich, Zorn schwingt in seiner Stimme, als er weiterredet:
»Wenn die mir aber jetzt die Stunden von Samstag und Sonntag klauen, weil die behaupten, das wäre normale Arbeitszeit, würde ich fast 1000 Mark im Monat weniger haben. Das läßt sich doch keiner gefallen! So blöd ist nun wirklich kein Mensch!«
In der Messe ist es ruhig geworden, alle sind an Deck. Im Wasser spiegeln sich die Lichter des Hafens. Die Lieder des Shanty Chors sind verklungen. Nach und nach verlassen die Gäste das Schiff.
Das Fest ist zu Ende. Der Streik geht weiter.

ÖTV – Streiknachrichten Nr. 5

Seeleute erkämpfen hervorragendes Ergebnis

»Schandkatalog« vom Tisch
Etwa 17 Tage mehr Urlaub

18.4.86. 15.35 Uhr. Der erste Seeleutestreik dieses Jahrhunderts im Hafen von Bremen ist beendet. Mit den Worten: »Wir haben ein tolles Ergebnis erreicht«, verabschiedete sich Holger Wohlleben, von den siebzehn am Arbeitskampf beteiligten Seeleuten.
Mit Beifall und Bravo-Rufen, wurde das von Jan Kahmann bekanntgegebene Ergebnis, aufgenommen.
»Davon konnten wir vor einer Woche nicht mal träumen«, kommentierte er den Abschluß: »Monatlich 100 Mark Zulage für alle Seeleute, 17 Tage mehr Urlaub. Alle Forderungen der Reeder sind vom Tisch gefegt.«

Heinrich Droege

Wir wollen unser Recht

So was von Ausbeutung

Als mir auf der 12. Frauenkonferenz der IG Metall, am 8. Mai 1985 der Metall-Journalistenpreis verliehen wurde, erfuhr ich zum erstenmal von den Auseinandersetzungen bei ›Programma‹. Sicherlich hatte ich vorher darüber in den Tageszeitungen gelesen, aber innerbetriebliche Auseinandersetzungen bis hin zum Streik sind ja nichts Besonderes, und so nimmt man sie zur Kenntnis ohne dadurch in seinem Alltag oder seiner Arbeit gestört zu werden. Während der Preisverleihung kamen elf Frauen in den Saal, entrollten ein Transparent:

WER SCHÜTZT UNS VOR RÖHLICHS POLIZEI

und nahmen minutenlang die Ovationen der Bundesfrauenkonferenz entgegen.
Mein Interesse war geweckt. Kollegen informierten mich im Telegrammstil über das, was sich bei ›Programma‹ abspielte. Später erkundigte ich mich genauer bei einer der Frauen.
»Für einen Hungerlohn arbeiten wir bei ›Programma‹. Tarifverträge erkennt die Firma nicht an. Überstunden sind an der Tagesordnung. So was von Ausbeutung kannst du dir nicht vorstellen; richtig frühkapitalistische Ausbeutermethoden. Das lassen wir uns nicht bieten; deshalb wird seit dem 18. September

gestreikt. Und der Röhlich – hast ja den Namen auf dem Transparent gelesen – das ist der Geschäftsführer der Firma; – und die Polizei verprügelt uns vor den Werkstoren.«
In den kommenden Tagen und Wochen recherchierte ich, las Zeitungsartikel, sprach mit Kollegen und fuhr nach Gerstetten in der Schwäbischen Alb.

Eine Firma zieht um

Bis 1983 residierte das sogenannte High-Tech-Unternehmen mit seiner Montage von fernbedienten, mikroprozessorgesteuerten Autoradios noch im SPD-regierten und von Arbeitslosigkeit arg gebeutelten Dortmund. Der Umzug nach Gerstetten, in der Schwäbischen Alb, so sagte damals Geschäftsleiter Röhlich vor seiner Belegschaft, geschehe wegen der Großzügigkeit Baden-Württembergs: elf Millionen Mark will Röhlich für die Umsiedlung seiner Firma an Investitionshilfen und Krediten vom Land und der Landeskreditbank erhalten haben. Der Gerstetter Bürgermeister stellte noch einmal eine halbe Million aus dem Gemeindesäckel für den Umbau einer ehemaligen Siemens-Zweigniederlassung bereit und lockte mit einem Wunder an Billigmiete: zwei Mark für den Quadratmeter Gewerbefläche. Da fiel Röhlich die Entscheidung leicht. Drei Viertel der Dortmunder Belegschaft wurde gleich entlassen, die restlichen gingen mit nach Gerstetten.
Ein anderer Umstand noch lockte Herrn Röhlich und seine Programma GmbH auf die dünnbesiedelte Ostalb. Dort dümpelte seit einiger Zeit schon die Firma Walther Elektronik AG vor sich hin. Schlechte Geschäfte und das Talent ihrer Manager ließen in den vergangenen Jahren die Belegschaft von 1600 auf derzeit etwa 300 Beschäftigte absinken. Trotzdem stieg die Walther AG als Teilhaber mit 40 Prozent in Röhlichs ›Programma‹ mit ein.
Daß es die Walther AG, den größten Gerstetter Industriebetrieb, im Spätherbst 1985 überhaupt noch gab, ist allein dem Opfer der Belegschaft nach einem Konkurs 1974 zu verdanken. Die 3,4 Millionen Mark aus dem Sozialplan der Belegschaft wurden als Aktienkapital wieder in die neue Firma eingebracht. Letztlich ohne Erfolg, wie ›*Kapital-Intern*‹ weiß: Von der ehemaligen Aktienmehrheit sind der Belegschaft durch windige Kapitalerhöhungen gerade noch 45 Prozent verblieben.

Mittlerweile (Frühjahr 1986) hat die Firma Vergleich angemeldet.

Die Arbeitsbedingungen

Die Löhne der Programma-Mitarbeiter liegen 500 DM unter Tarif. Das Wort *Hungerlohn* ist durchaus angebracht, wenn man als Arbeiterin netto nicht einmal 1000 DM monatlich nach Hause bringt und als Facharbeiter um die 1400 DM.
Zum Vergleich: In den tarifgebundenen Metallbetrieben stieg seit Januar 1984 das Bruttoeinkommen um über 5 Prozent und die Arbeitszeit wurde um 1,5 Stunden pro Woche verkürzt. Bei Programma dagegen kann noch nicht einmal von der Verwirklichung der 40-Stunden-Woche gesprochen werden. Selbst die aus der Nazizeit stammende, heute noch gültige Arbeitszeitordnung, die den Unternehmern äußerst großzügige Überstunden-Möglichkeiten gewährt, ist für die Programma-Bosse noch nicht genug. Der Arbeitszeitrekord liegt bei mehr als 150 Überstunden, also fast 330 Arbeitsstunden in einem Monat (normal sind 167 Stunden). Arbeitszeiten von 25 und über 30 Stunden am Stück (!) kamen vor. Monatelang wurde die Grenze von maximal 30 Tagen im Jahr, an denen Mehrarbeit geleistet werden darf, überschritten. Frauen leisteten »freiwillig« gesetzlich verbotene Nachtarbeit.
Wer bei dieser brutalen Überstundenschinderei nicht mitmachen wollte, war ein schlechter Mitarbeiter, der den notwendigen Beitrag zum Aufbau »des jungen Unternehmens« nicht leisten wollte. Das ließ man ihn fühlen.
Statt der tariflichen 30 Tage gibt es bei Programma nur 25 Tage Jahresurlaub.
Löhne und sonstige Leistungen werden »nach Nase« verteilt. Per Einzelarbeitsverträge, die nach der Philosophie der Geschäftsleitung die »Verantwortlichkeit und den Entscheidungsspielraum des Einzelnen stärken«, hat Programma sich die Möglichkeit geschaffen, das Urlaubsgeld und tarifliche Sonderzahlungen (Weihnachtsgeld) je nach Verhalten des Beschäftigten zu verweigern oder gar zurückzufordern. Bei der Berechnung dieser Zahlungen werden entgegen den tariflichen Bestimmungen die Überstunden nicht mitgerechnet. Man sieht, auf welcher Seite die »Entscheidungsspielräume« liegen.

Nur bei den Probezeiten ist man bei Programma großzügig. Die sind meistens um einige Wochen oder Monate länger, dafür die Kündigungsfristen deutlich kürzer als in tarifgebundenen Firmen.
Das sind die Gründe – außer den vielen kleinen Gehässigkeiten – die dazu führten, daß am 16. September 1985 die organisierten Mitarbeiter bei Programma sich einstimmig für einen Streik um einen Anerkennungstarif aussprachen.

Ein Tarifvertrag muß her!

Für Ute Röhlich, Gesellschafterin der Autoradio-Fabrik Programma, ist die Sache ganz einfach. Der Betrieb ist nicht Mitglied im Arbeitgeberverband, und folglich fühlt sich die Geschäftsleitung, der ihr Ehemann vorsteht, nicht an die Tarifverträge gebunden. Also gibt es für die 70 Beschäftigten weniger Lohn. Die 38,5-Stunden-Woche gilt natürlich auch nicht. Und auch beim Urlaub stehen sich die Kolleginnen und Kollegen bei Programma um fünf Tage schlechter als anderswo.
»Ganz abgesehen davon«, sagt Ute Röhlich, »daß es kein Verbrechen ist, unter Tarif zu zahlen: Es ist doch wohl noch jedermann selbst überlassen, zu welchen Konditionen er arbeiten will.« Ihr Fazit: Die Firma ist mit den einzelvertraglichen Regelungen gut zurechtgekommen.
Für die IG Metall und die dort organisierten Kollegen sieht das begreiflicherweise ganz anders aus. Sie fordern einen Tarifvertrag, sie bestehen darauf, daß wenigstens die Mindesttarife bezahlt werden.
Monatelang wurden Verhandlungen geführt. Ohne Erfolg.
Am 16. September stimmten in einer Urabstimmung alle der gewerkschaftlich organisierten Arbeitnehmer bei Programma für Streik.

Chronologie der Ereignisse:
Am 14. Februar 1985 wählen die Beschäftigten fünf Betriebsratsmitglieder. Sie fordern den Abschluß eines Anerkennungstarifvertrages zwischen der Firma Programma und der IG Metall.
Am 28. Juni 1985 lehnt der Geschäftsführer Röhlich Verhandlungen mit der IG Metall ab. In einer Betriebsversammlung findet bei 43 Anwesenden eine geheime Abstimmung über die

Über die Leiter zum Betriebsrat

Ein Gewerkschaftsfunktionär auf unkonventionellen Wegen: IG Metall-Bevollmächtigter Karl Maier mußte gestern eine Ausziehleiter zu Hilfe nehmen, um der Bitte um Beratung des Betriebsrats der *Gerstetter* Firma Programma Folge leisten zu können. Der Arbeitnehmervertretung des seit einigen Tagen bestreikten Betriebes war eine fristlose Kündigung auf den Tisch geflattert. Die Geschäftsleitung hatte diese wegen angeblichen unentschuldigten Fehlens gegenüber einer Mitarbeiterin ausgesprochen. Für die Stellungnahme wollte man sich durch die IG Metall beraten lassen, doch verwehrte die Geschäftsleitung Karl Maier den Zutritt über das Betriebsgelände in das Zimmer des Betriebsrates. Hausrecht stand gegen Hausrecht, auch die Polizei wurde bemüht. Doch hatten die Beamten nichts gegen die spektakuläre Leiteraktion einzuwenden, nach der die Beratungsrunde doch noch zustande kam. Gegen die fristlose Kündigung wurden Bedenken des Betriebsrates angemeldet. Sollte diese aufrechterhalten werden, will man, so versichert der IG-Metall-Bevollmächtigte, der Mitarbeiterin Rechtsschutz für einen Prozeß beim Amtsgericht gewähren. Karl Maier: »Es ist sehr bedauerlich, daß wir zu solchen Kinkerlitzchen gezwungen werden. Man kann der Geschäftsleitung nur noch einen sehr miserablen Stil bescheinigen.« (gst/Foto: pw)

›Heidenheimer Zeitung‹
vom 21.09.1985

Forderung des Anerkennungstarifvertrags statt: 37 Anwesende stimmen dafür. Gleichzeitig teilt der Betriebsrat dem Unternehmen mit, daß er künftig keine Überstunden mehr tolerieren wird.

Anfang Juli 1985 lehnt die Firma den Entwurf eines Anerkennungstarifvertrags ab, worauf die Gewerkschaft das Scheitern der Verhandlungen erklärt.

Am 19. Juli 1985 legen alle Beschäftigten für eineinhalb Stunden die Arbeit nieder. Ein weiterer Warnstreik folgt am 26. Juli.

Am 10. September 1985 versammelt sich die Belegschaft den ganzen Tag und bekräftigt ihre Forderung nach einem Anerkennungstarifvertrag.

Am 16. September 1985 folgt eine Urabstimmung, bei der sich alle der organisierten Kollegen für Kampfmaßnahmen entscheiden.

Am 18. September 1985 ruft die Gewerkschaft, gemäß den Forderungen der Kolleginnen und Kollegen, zum Streik auf. Röhlich verweigert der IG Metall den Zugang zum Betrieb. Die Gewerkschaftssekretäre müssen sich den Zugang über eine Leiter ins Betriebsratszimmer sichern.

Inzwischen arbeiten schon 15 neue Leiharbeiter im Betrieb,

was die Streikleitung dazu veranlaßt, Streikposten aufzustellen.
Am 24. September 1985 verschafft die Polizei, ohne eine einstweilige Verfügung oder eine sonstige gerichtliche Anordnung, den Streikbrechern Zutritt in den Betrieb.
Röhlich verweigert dem Betriebsrat den Zugang zu Programma. Er beantragt eine einstweilige Verfügung, um den Zugang zum Betrieb für Streikbrecher durchzusetzen.
Am 26. September 1985 verfügt das Amtsgericht Heidenheim als Notgericht, daß die Streikposten eine Gasse von drei Metern zu bilden haben und der ungehinderte Zugang für die Streikbrecher in den Betrieb gewährleistet sein muß.
Die Streikposten, Streikende von Programma und Arbeiter aus anderen Betrieben Heidenheims und der Umgebung, bilden eine Drei-Meter-Gasse. Die Streikbrecher gelangen in Kleinbussen ins Werk.
Bei der Durchfahrt eines Streikbrecher-Fahrzeugs wird am 26. 9. 1985 eine Betriebsrätin von Programma verletzt. Sie muß wegen einer Gehirnerschütterung eine Woche ins Krankenhaus. Als das passierte, verweigerte Röhlich die Herausgabe einer Trage zur Versorgung der Verletzten.

Betriebsräte gefeuert

Mit Schreiben vom 7. Oktober 1985 werden von Herrn Röhlich die fünf Betriebsratsmitglieder und zwei Ersatzmitglieder fristlos gekündigt. Er wirft ihnen vor, daß sie, wie ihre Kollegen und Kolleginnen sich am Streik beteiligt haben. Obwohl nur ein Arbeitsgericht die Kündigung eines Betriebsrats aussprechen kann, hat Herr Röhlich dem Gericht Arbeit abnehmen wollen und den Betriebsräten selbst gekündigt.
In Gesprächen unter Vermittlung des Heidenheimer Landrats Dr. Würz war die IG Metall weitgehend mit einem Kompromißvorschlag des Landrats einverstanden, die Firmenleitung allerdings wollte 30 Tage Urlaub erst ab 1987 gewähren und auch noch einige Monate weiterhin lediglich die Programma-Löhne (unter Tarif und ohne Leistungszulagen) bezahlen. Sie ging sogar so weit, von der IG Metall die Absegnung der Entlassung der Betriebsräte zu verlangen.
Für alle Gewerkschafter gibt es ein ehernes Prinzip:

ALLE FÜR EINEN – EINER FÜR ALLE!

»Wir können und wollen den Betriebsrat nicht opfern, denn ohne den Betriebsrat ist der Anerkennungstarifvertrag keinen Pfifferling wert«, sagen die Kollegen vor den Toren. »Wir lassen niemanden im Regen stehen; und letzten Endes haben die Betriebsräte nur versucht unser aller Forderungen durchzusetzen.«
Während der Verhandlungen beim Landrat, sagt die Anwältin der Firma: »Die Zeiten flächendeckender Tarifverträge sind endgültig vorbei!«
»Hier kommt der politische Hintergrund des Konflikts zum Vorschein; hier zeigt sich, daß bei Programma ein Exempel statuiert werden soll«, kommentiert die IG Metall. »Vielen Unternehmern und Politikern sind unsere Tarifverträge ein Dorn im Auge; sie wollen Löcher reißen in unseren einzigen wirksamen kollektiven Schutz vor Unternehmerwillkür.«

Heiße Tage

Am 23. und 24. Oktober 1985 gleicht das kleine Dörfchen einer belagerten Festung. Hunderte von Polizisten sind im Einsatz und weitere stehen in Reserve. Sie gewährleisten die Anfahrt eines großen Busses, in dem Streikbrecher und die Geschäftsführer der Firma sitzen. Die Streikposten halten die Drei-Meter-Gasse peinlich genau ein. Da für diesen Bus die drei Meter nicht ausreichen, verschafft der Polizeieinsatzleiter mit massivem körperlichen Einsatz der Polizisten dem Bus Einlaß ins Werk. Im Laufschritt und keilförmig drückt die Polizei die Streikposten beiseite.

»Eine Schweinerei ist das, wie die Polizei sich hier benimmt«, sagt der *Facharbeiter R. M.* »Allein der Masseneinsatz, als sei Revolution oder Krieg. Teilweise sind hier mehr Polizisten vor den Toren als Streikende. Am 28. 10. 1985 waren dreihundert Polizisten hier im Einsatz, samt Spezialtrupps mit Foto- und Video-Ausrüstung. Das sind mehr als Streikende. Zum Lachen! 34 Polizeifahrzeuge, darunter 20 Mannschaftswagen der Bereitschaftspolizei.«
Aussage des *Streikposten P.*: »Die Polizei, die han mi wie's Vieh en'd Eck g'schobe!«
Eine *Arbeiterin* in zerrissenem Anorak: »Wir werden nicht kapitulieren, auch wenn das hier noch ein Jahr dauern sollte.«

Polizeiabsperrung
Foto: Hans Meister

Streikposten *Wolfgang Rösch* sagt unter anderem in einem Leserbrief, abgedruckt in der ›*Heidenheimer Neue Presse*: »Plötzlich steht eine Hundertschaft junger Polizeibeamter in Kampfanzügen vor dem Bus. Auf ein Kommando von hinten, setzt sich die Truppe in Bewegung. Im Glauben, sie würden einen Korridor bilden, harren wir der Dinge die da kommen.
Und sie kommen im Block, uns brutal zurückstoßend, aus zweiter Reihe mit den Füßen stoßend und tretend. Es wird keine Rücksicht auf unsere Kolleginnen genommen. Man reißt sie einfach mit oder um. Wir werden weggefegt wie Schlachtvieh.«

Aussage der *Arbeiterin E.*: »Menschenunwürdig wie wir hier behandelt werden, auch von der Polizei. Wir wollen doch nur unser Recht. Die Firma nutzt brutal aus, daß es hier viele Arbeitslose gibt, und wir arbeiten und was verdienen wollen. Ich habe so viele Überstunden gemacht, daß ich zu Hause mit meinem Mann Krach hatte. Wäre ich gerecht bezahlt worden, so wie es im Tarifvertrag steht, dann hätte ich ohne Überstunden mehr verdient als so mit Überstunden. Auch wäre es nie zum Streik gekommen. Die Firmenleitung spricht davon, daß hier ein politischer Streik stattfinde. Blödsinn; es geht um einen Anerkennungstarifvertrag und um sonst nichts. Wir waren zu lange Bittsteller und es hat nichts gefruchtet. Wir streiken nicht gerne, aber wir sind dazu gezwungen. Ein alter, 82jähriger Mann hat uns Streikenden 20 Mark geschenkt und gemeint: »Ich weiß, wie es ist, wenn man um sein Recht kämpft.«

Ja, das ›Cleverle‹

Am 11.11.1985 berichteten die Medien selbst in Frankfurt und Hamburg in großer Aufmachung vom Ende des Arbeitskampfes bei Programma.
Überall wurde hervorgehoben, welche Rolle Ministerpräsident Lothar Späth – genannt das Cleverle – bei den Verhandlungen gespielt hatte. Mit Lob für den Ministerpräsidenten wurde nicht gespart. Am objektivsten scheint mir noch der Bericht in der ›*Stuttgarter Zeitung*‹ vom 11.11.1985:

Einigung nach sieben Wochen Streik

Schlichtung im Staatsministerium gelungen – Programma-Werk anerkennt tarifliche Forderungen

stz. GERSTETTEN/STUTTGART. Nach sieben Wochen Streik, in dessen Verlauf mehrmals ein großes Polizeiaufgebot eingesetzt wurde, ist in der Tarifauseinandersetzung beim Autoradiohersteller Programma in Gerstetten auf der Heidenheimer Alb doch eine Einigung erzielt worden. Die 30 streikenden Mitarbeiter des Betriebs sind im wesentlichen mit ihren Forderungen durchgedrungen. Der Betrieb wird, mit einer Reihe von Übergangsklauseln allerdings, den Manteltarif der Metallindustrie Nordwürttemberg/Nordbaden übernehmen, obwohl er selbst nicht Mitglied im Arbeitgeberverband ist. Die Einigung kam nach drei Zusammenkünften im Stuttgarter Staatsministerium, die letzte am Samstag, zustande. Am Sonntag erklärte auch die IG-Metall ihre Zustimmung, obwohl

der Betriebsrat von Programma doch gewisse Zugeständnisse machen mußte.
Bis zuletzt war unklar, ob die Schlichtungsversuche des Ministerpräsidenten nicht an der sogenannten Maßregelungsklausel scheitern würden, denn der Geschäftsführer der Programma, Manfred Röhlich, hatte sich lange dagegen gesträubt, Sanktionen gegen seine Betriebsräte zurückzunehmen. Inzwischen hat man sich nach der Mitteilung des Staatsministeriums darauf geeinigt, daß Gerichtsverfahren, die aus dem Arbeitskampf resultieren, für erledigt erklärt werden. Ebenso werden Kündigungen, die Programma gegen Betriebsräte und deren Ersatzleute ausgesprochen hat, zurückgenommen. Andererseits haben Gewerkschaft und Betriebsrat zugestimmt, daß die Belegschaft darüber abstimmen kann, ob ihre gewählten Vertreter noch genug Vertrauen besitzen. Bei einer Betriebsversammlung im Januar wird es eine geheime Abstimmung geben. Wenn dabei mindestens 40 Prozent der Mitarbeiter eine Neuwahl des Betriebsrats fordern, wird der amtierende Betriebsrat seinen Rücktritt beschließen.
An der Zustimmung zu diesem Verfahren hing zum Schluß offenbar noch die Einigung in dem Tarifstreit. Das Staatsministerium hatte in einer Verlautbarung am Samstag bekanntgegeben, wenn die IG Metall den ausgehandelten Abmachungen bis Sonntag, 16 Uhr, nicht zustimme, würden die Verhandlungen für gescheitert erklärt. Das Gesprächsergebnis wurde dann am Sonntag vormittag mit den 30 streikenden Mitarbeitern erörtert. Sie hätten dem Kompromiß »mit überwältigender Mehrheit« zugestimmt, teilte die Bezirksleitung der IG Metall gestern mit. Schon geraume Zeit vor dem Ablauf der Erklärungsfrist teilte das Staatsministerium dann die gelungene Schlichtung mit. IG-Metall-Bezirksleiter Ernst Eisenmann stellte fest, daß alle wesentlichen Forderungen der Arbeitnehmer erfüllt worden seien. Sowohl die 38,5-Stunden-Woche wie auch die Leistungszulage und der Urlaub von 30 Tagen seien durchgesetzt worden. Dies zeige, »daß es sich lohnt, für seine Rechte zu kämpfen«, sagte Eisenmann. Auch Ministerpräsident Lothar Späth zeigte sich über das Ergebnis zufrieden und sprach von einem Sieg der Vernunft. Von den ursprünglich stark kontroversen Positionen habe man sich trotz einer angespannten Atmosphäre schließlich doch aufeinander zu bewegt.

Ruhe, Besonnenheit und Normalität

Gespräch mit dem Betriebsratsvorsitzenden Andreas Sinovzik am 29. April 1986.

Ruhe, Besonnenheit und Normalität sollen im Betrieb wieder einziehen nach dem Ende des Arbeitskampfes bei Programma im Spätherbst 1985, hieß es bei den abschließenden Verhandlungen in der Staatskanzlei. Wie sieht es denn heute damit aus?

Von Normalität kann keine Rede sein. Kaum war der Anerkennungstarifvertrag unterzeichnet, begann auch schon die Hetzjagd auf alle, die sich aktiv am Streik beteiligt hatten. Nach der Maßregelungsklausel darf keiner Nachteile haben wegen Teilnahme am Streik; aber es sind gleich drei Leute gekündigt worden, und sieben weitere wurden versetzt an schlechtere Arbeitsplätze; viele haben aufgegeben und sich andere Jobs gesucht.
Späth und der Innenminister Schlee waren nur an einem Ende des Konflikts interessiert, nicht an einer Durchsetzung der berechtigten Interessen der Arbeitnehmer. Kein Druckmittel blieb ungenutzt. Ein Beispiel aus den Verhandlungen: ›Wenn der Betriebsrat nicht zurücktritt, wie es die Geschäftsleitung verlangt, wird es auch für Walther Elektronik – eine andere Firma in Gerstetten mit 300 Beschäftigten – schlecht gehen, da die gleichen Gesellschafter an Programma beteiligt sind. Die werden dann Leute entlassen müssen.‹ Als hätte unser Betriebsrat damit etwas zu tun. Mittlerweile hat die Firma Walther dennoch Vergleich angemeldet.
Wir, die Betriebsräte, mußten uns der Vertrauensfrage stellen, das war Bestandteil der Schlichtung. Die haben uns gedroht: ›andernfalls wird allen Streikenden gekündigt‹, acht Leute hatten zu dem Zeitpunkt die fristlose Kündigung schon erhalten.

Waren die Gekündigten Gewerkschaftsmitglieder die gestreikt hatten?

Klar, nur aktive Gewerkschafter. Für einen Diplom-Ingenieur, engagiert in der Streikleitung, war plötzlich überhaupt keine Arbeit mehr da; einem Schwerbehinderten wurde mit der Begründung ›seine Arbeit sei zu schlecht‹ gekündigt, obwohl man ihm vor Streikbeginn noch eine Gehaltserhöhung wegen ›guter Leistung‹ zugebilligt hatte.

Es wurde ja ein neuer Betriebsrat gewählt im Anschluß an den Streik.

Ja, am 25. Februar 1986. Drei der ›alten Betriebsräte‹ wurden wiedergewählt, auch der Jon Steven Ried und ich. Jon Steven zum Vorsitzenden und ich zum stellvertretenden Vorsitzenden.

Dann ging's erst richtig los; sicher war die Geschäftsleitung erbost, weil wir wieder das Vertrauen der Leute hatten. Wir hatten viel Arbeit als Betriebsräte, all die Briefe und Prozesse und die neuen Verträge. Wir wußten nicht mehr, wo uns der Kopf steht. Und natürlich haben wir im Betrieb unsere Arbeit gemacht; hatten allerdings auch Sitzungen und viel Ärger. Alle fristlosen Kündigungen haben wir natürlich abgelehnt. Auch ich bekam eine fristlose Kündigung. Der sollte sich als Betriebsrat zustimmen. Haben ich und die Kollegen im Betriebsrat abgelehnt. Darauf hat mir die Firma die Kündigung einfach nach Hause geschickt, ohne Zustimmung des Betriebsrats. Die Gründe für die Kündigung waren lächerlich und an den Haaren herbeigezogen: ›Aus wichtigem Grund‹ und ›weil Sie Ihre Pflichten am Arbeitsplatz nicht erfüllt haben.‹ Das Arbeitsgericht hat sofort per einstweiliger Verfügung meine Weiterbeschäftigung verlangt. Ich ging mit der Verfügung in den Betrieb, um sie Herrn Röhlich vorzulesen; mehrmals habe ich das versucht, auch dem Betriebsleiter habe ich sie vorgelesen. Sie sagten, sie hätten die Verfügung nicht, und ich hätte Hausverbot und solle mich im Betrieb nicht mehr sehen lassen. Ist ja möglich, daß die Post ein paar Tage gedauert hat, aber ich hatte den Gerichtsbeschluß vorgelesen und vorgelegt, in Anwesenheit des Betriebsratsvorsitzenden übrigens.
Als ich am nächsten Tag in den Betrieb kam, standen Herr Röhlich, der Betriebsleiter und der Entwicklungsleiter vor der Tür und fingen mich ab. Ich kam mit einer Kollegin, der Birgit, in den Betrieb. Noch vor der Tür hat mich Herr Krebs, der Entwicklungsleiter festgehalten und der Betriebsleiter hat mir ins Gesicht geschlagen. Mit den Fäusten hat der mir ins Gesicht geschlagen. Ich mußte zu einem Arzt gehen, der mich krank schrieb. Ich habe mich nicht gewehrt, konnte auch gar nicht, erstens habe ich damit nicht gerechnet und zweitens hatte ich eine Aktentasche in der linken Hand und einen Korb in der rechten Hand. Birgit und ich hatten gemeinsam den Korb zwischen uns getragen. Über all das liegt dem Gericht eine eidesstattliche Erklärung der Birgit vor.
Übrigens haben die Herren am gleichen Tag, als sie mich zusammengeschlagen haben, den Gerichtsbeschluß dann auch noch per Post erhalten.

Was ist eigentlich mit den Leiharbeitern passiert, die während des Streiks eingestellt worden waren?

Die sind alle längst entlassen. Die Türkinnen alle haben ihre Entlassung an einem Tag bekommen. Allen Leiharbeitern stand Wahlrecht für die Betriebsratswahl zu, sie hatten befristete Arbeitsverträge; nach der Wahl wurden sie alle gefeuert. Mancher der Leiharbeiter hatte gehofft, daß unbefristete Arbeitsverträge winken, wenn sie ihre Stimme nur richtig abgeben. Damit war es nichts. Sie wurden alle gefeuert, auch diejenigen, die ›richtig gewählt‹ hatten.

Wie geht es weiter?

Frage mich mal was leichteres. Mein Prozeß läuft, den werde ich wohl gewinnen; sieben weitere Verfahren laufen derzeit gegen die Firma. So hat der Betriebsrat z. B. neue Eingruppierungen verlangt: abgelehnt. Der Betriebsrat wollte Einsicht in die Gehaltslisten haben: abgelehnt. Wir werden wieder klagen müssen.
In so einem Laden Betriebsrat zu sein, ist kein Zuckerschlekken, bedeutet ständigen Ärger und Streß.

Jutta Roitsch

»Wenn wir solchen Zirkus machten«

»Jetzt ist Winter, da arbeiten wir nur mit halber Kraft.« Hans-Wilhelm Kuhn, kaufmännischer Leiter der Firma Odenwald-Konserven in Breuberg, brüllt den Satz. In der Fabrikhalle aus Stahl und Glas klirrt, rasselt, zischt, dampft und klappert es dennoch ohrenbetäubend.
Auf den langen Bändern, die sich durch die Halle winden, reiht sich Glas an Glas. Der rote Betonfußboden ist glitschig und klebrig vom Zuckerwasser. An den Bändern stopfen Frauen geschälte Birnen in die Gläser, schütten aus einem Plastikbecher Zuckerwasser randvoll hinzu. Sie stehen in Gummistiefeln auf kleinen Holzpodesten, ein nur geringer Schutz gegen die Nässe und Kälte. Ab und zu schiebt die Maschine ein Glas aus der endlosen Reihe auf eine Art Tablett: Der Deckel oder das Etikett sitzen nicht richtig. Das Tempo des Bandes ist so hoch, daß

ein »ausgemustertes« Glas an eine Kante stößt und zerbricht. Eine Frau greift mit ihren dünnen Gummihandschuhen in dem Obstmatsch und die Scherben.
Die Verständigung mit den anderen Kolleginnen oder den Vorarbeitern geht nur mit Handzeichen oder Schreien. Einen kleinen Stöpsel als Schutz für die Ohren tragen wenige in dieser Halle. Die Pfropfen sind lästig und gehen leicht verloren. Nur nebenan ist der Lärm so groß, daß sich die Frauen, meist Türkinnen und Spanierinnen, an den Schutz gewöhnt haben. Anders ließe es sich in diesem Teil der Obstkonservenfabrik (Firmenspruch: »Das Werk im Grünen«) nicht aushalten. Da scheppern die Vakuumverschlüsse an zwei bis drei Magnetbändern in die Höhe, mit Getöse fallen die Deckel, die falsch aufliegen, wieder in den großen Container zurück: Oft aus einer Höhe von zwei bis drei Metern. Das gibt jedesmal einen kurzen, scharfen Knall.
Am Ende dieser Halle steht der Apparat, den selbst Finanz- und Personalchef Kuhn als »Krachmaschine« einstuft. Auch schreiend ist eine Verständigung nicht möglich. Wie Pantomimen bewegen sich zwei Frauen in diesem technischen Ungetüm, das riesige Paletten leerer Obstgläser von den Plastikfolien befreit und Glas für Glas einzeln auf ein Band setzt. Bis zu 300000 Gläser werden in dieser Saison Tag für Tag gebraucht, berichtet Kuhn stolz. 200 Tonnen Obst werden dann abgefüllt.
Die hohen sirrenden, klirrenden Töne erfassen schon jetzt fast schmerzhaft den Körper. Wie es erst sein muß, wenn alle drei »Produktionsstraßen« rollen, in einer Schicht acht, zehn, zwölf Stunden lang? Die Frauen und jungen Männer, die zwischen den Deckeln, Gläsern und Maschinen arbeiten, haben leere, ausdruckslose Gesichter. Sie wirken nach innen gekehrt, bewegen sich automatisch. Sie schauen kaum auf, ein Gruß erreicht sie nicht oder wie von fern. Lassen sich so der Geruch und der Lärm, die Belastungen der Nerven und Sinne ertragen?
Wie hält man das jetzt und erst recht in den drei, vier Monaten der Hochsaison aus? »Ich kenne keine Klagen über Unzumutbarkeiten«, sagt der Personalchef in der hellen, begrünten Verwaltungsetage, in die noch immer das unentwegte Klirren der Gläser dringt. Kuhn kennt nur »Gerüchte« über Unmut im »Stammpersonal«, bei den rund 80 Männern und Frauen in der Produktion, sowie den 150 bis 250 Schülern und Studenten, die in der Saison »aushelfen«.

Da gebe es »Gerede« über Spannungen und Aggressivität, Anmachereien der Frauen durch Techniker und sexistische Sprüche. Da sei der Kampf um die »besseren« Arbeitsplätze, die die Vorarbeiter nach Laune und Gunst zuteilten. Hübsche Studentinnen hätten es leichter, die Türkinnen immer das Nachsehen. Daß »hart« um die sitzenden Jobs gerungen werde, räumt auch die Geschäftsleitung ein. Das Auskippen der schweren Obstkisten auf die Bänder sei schließlich »ein Klotz« und »kein Zuckerschlecken«, sagt Kuhn und knüpft daran Betrachtungen an sein eigenes Studentenleben und den Zwang, Geld zu verdienen. Das klingt offen und problembewußt, ein freundlich-verbindliches Eingeständnis der harten Arbeitsbedingungen in einem Saisonbetrieb einer Branche, die unter starkem Druck der Konkurrenz und der Kunden steht.
Doch die Unruhe ist da und die Irritation nur mühsam verborgen. Seit zwei, drei Wochen stimmt die Idylle des »Werkes im Grünen« nicht mehr. Die Polizei weiß es, die Gewerbeaufsicht in Darmstadt und die Verwaltungsstelle der Gewerkschaft Nahrung, Genuß und Gaststätten (NGG) ebenfalls. Nur »aufbauschen« wolle man nichts, schließlich handele es sich um »fast zwei Verrückte«, wie der Geschäftsführer der Firma, Alfred Jung, am Telefon barsch urteilt. »Die Vorfälle sind bei der Belegschaft noch nicht vergessen«, sagt der Gewerkschafter Hans Volpp in Darmstadt. Er zügelt seine Verärgerung, seinen kaum verhüllten Zorn und seine Ablehnung nicht: »Wenn wir einen solchen Zirkus machten...«. »Wir«, das sind die Deutschen, der Betriebsrat und die Stammbelegschaft.
Für die beiden irischen Studenten aus Dublin, Eoin Keogh und Mary Murphy, war es weder eine verrückte Laune noch eine Show. Das, was sie »industrial disput« und »strike« nennen, war für sie der Versuch, ein »Stück unserer eigenen Würde zu bewahren«. Zwischen Apfelmus und Pflaumenernte rebellierten sie gegen Arbeits- und Lebensbedingungen der studentischen Aushilfskräfte, die für zwei bis vier Monate aus Irland angeworben werden, die schuften bis zum Umfallen und in erbärmlichen Unterkünften hausen.
Mary und Eoin schrieben eine »Mängelliste« und gewannen Zweidrittel der irischen Hilfskräfte, sie zu unterschreiben, trotz der Angst vor dem fristlosen Rausschmiß, der »schwarzen Liste«, die es in der Firma für unliebsam aufgefallene Studenten gibt, und dem Verlust des Geldes, das sie alle dringend brauchen. Ausgerechnet die letzten auf der betrieblichen Stufenlei-

ter erlaubten sich auf dem Werksgelände einen Sitzstreik, irische Kampflieder und handgemalte Plakate mit klassenkämpferischen Parolen (»Odenwald beutet Arbeiter aus«) und aus dem Wörterbuch zusammengestoppelten Parolen: »Wo ist die Menschenfreund-Leitung?« zum Beispiel. Nach zwei Tagen riß der Geschäftsleitung der Geduldsfaden. Drei irische Studenten feuerte sie mit Zustimmung des Betriebsrates fristlos und erteilte ihnen Hausverbot. An diesem Freitagabend rief die Firma die Polizei, die Eoin und Mary im Polizeigriff vom Werksgelände führten. Eine Anzeige wegen »Hausfriedensbruch« wurde ihnen angedroht, falls sie das Gelände noch einmal betreten sollten. Niemand fühlte sich verpflichtet, den Iren das Wort und seine Bedeutung zu erklären. »Wenn es euch nicht paßt, dann geht doch nach Hause«, schimpfte die Betriebsrätin, Gewerkschafterin im übrigen.
Nur mit ihrem Grimm im Bauch und Kopf waren die Iren losgezogen, gegen die Geschäftsleitung, den Betriebsrat, die Gewerkschaft und die »Rechtslage« (wenigstens dieses deutsche Wort haben Eoin und Mary inzwischen gelernt). Eoin, der im noblen und teuren Trinity College Ökonomie und Sozialwissenschaften studierte, wußte eigentlich, was ihn bei den Odenwald Konserven erwartet. Er kam zum drittenmal, schließlich lassen sich 350 Mark in der Woche verdienen, bei zehn bis zwölf Stunden Schichtarbeit pro Tag. »Dafür schluckt man schon einiges«, meint Eoin, »die Jobs daheim sind rar und das Studium teuer: allein 2000 bis 4000 Mark Gebühren müssen die Studenten je nach Fach auf den Tisch blättern.«
Doch in diesem Jahr wollte Eoin nicht mehr wehrlos hinnehmen, was die Odenwälder Firma den Studenten für ihre »besondere Arbeit« (so der Vertrag) zumutet. »Es muß sich doch etwas ändern lassen«, sagt er. Für den Studentenlohn von 9,25 Mark (abzüglich der deutschen Steuer und Kirchensteuer) sei der Leistungsdruck noch stärker geworden. Es sind die neuen, noch schnelleren Maschinen, die die Firmenleitung stolz vorzeigt, die das Tempo angezogen haben. Niemand bestreitet das, aber ein Drosseln der Bandgeschwindigkeit wurde abgelehnt. »Das Obst muß weg«, hieß es.
Da entfällt auch der Acht-Stunden-Tag, die Firmenleitung ließ es sich von den Studenten schriftlich geben. In ihrem Vertrag verpflichteten sie sich in einer Art Generalvollmacht, »Überstunden zu machen, wenn das Management das anordnet«. Der Zuschlag, den das Stammpersonal bekommt, wird den Iren

gestrichen. »Das ist in den 9,25 Mark inbegriffen«, erklärt Personalchef Kuhn, schließlich liege der Tariflohn in der Branche bei 8,12 Mark, ein Lohn allerdings, den in den Odenwald Konserven niemand bekommt.

Im Vertrag der Studenten steht aber nichts davon, daß sie zehn, zwölf, gar vierzehn Stunden für eine Einheitssumme arbeiten müssen. Doch nicht nur das Geld stimmt in den Augen der Iren nicht mehr. »Auch die Gesundheits- und Sicherheitsvorschriften gehen in der Saison über Bord«, berichten sie. Der Gehörschutz ist nicht selbstverständlich, Handschuhe ebensowenig. Brian zeigt seine Hände, die von den heißen, feuchten Gläsern und der warmen Kunststoffolie wie verbrannt aussehen, rissig und aufgesprungen. Schnittwunden durch Glasscherben und scharfe Dosenkanten sind häufig: Erste Hilfe leistet nur der Arzt im Dorf. An den Kranken- und Sozialkosten beteiligt sich die Firma mit keinem Pfennig: Die Europäische Gemeinschaft macht's möglich.

Irgendwann kehren die Iren, die hier ihre für die Odenwald-Konserven günstigen Semesterferien verbringen, in ihre Behausung, eine Holzbaracke auf dem Werksgelände, das der Firma gehört, zurück. Das erinnert an Lager und die Einquartierungsaktionen der Flüchtlinge nach dem Krieg: In einem kleinen Kellerraum mit einem winzigen Fenster leben vier ausgewachsene Männer, in die zwanzig Quadratmeter großen Räume in den oberen Stockwerken sind bis zu zehn junge Frauen und Männer gestopft worden. In der Baracke schlafen auch Aushilfskräfte notfalls im Flur. Toiletten und Duschen sind in einem abstoßenden Zustand, häufig funktionieren sie nicht einmal: Todmüde beginnt das Warten vor den Duschen, dann vor den wenigen, völlig abgenutzten Kochplatten, die von keinem TÜV mehr abgenommen werden würden. Das Chaos komplett machen die ekligen Fliegenfänger, die Klebestreifen an der Holzdecke, die das Hereinregnen verhindern sollen, die Massen leerer Flaschen – mit dem für die Iren billigen Alkohol spülen sie ihren Frust hinunter, häufig zum Ärger der Nachbarschaft.

Um über den Ein- und Ausgang der Studenten die Kontrolle zu behalten, lehnte es die Geschäftsleitung bisher ab, Schlüssel für die Zimmertüren auszuhändigen. Diese vergleichsweise kleine Schikane unterstreicht bei den Iren das Gefühl, als erwachsene Menschen nicht respektiert und würdelos behandelt zu werden. Auf Hilfe und Unterstützung sind sie bei diesem Protest nirgends gestoßen: Personalchef Kuhn zeigte zwar sein Verständnis, änderte jedoch nichts (»Sie wissen ja, die Kosten«). Geschäftsführer Alfred Jung machte vor der Belegschaft keinen Hehl daraus, daß ihm die Iren eigentlich dankbar sein sollten, daß sie hier arbeiten und kostenlos wohnen dürfen, eine Meinung, die die Gewerkschaft voll teilt. »Uns paßt es ohnehin nicht, daß die da rüberkommen«, sagt NGG-Funktionär Volpp, »und jetzt machen die dem Betriebsrat auch noch Schwierigkeiten.« Was sie sich eigentlich herausnähmen, diese Studenten, »als Aushilfskräfte haben sie keine Rechte«. Zumindest dies haben Eoin und Mary sowie die übrigen irischen Studenten begriffen.

Pille gegen Streß gesucht

Sabine Rosenbladt

Betrogen von vorne bis hinten

Tack-tack, rumms. Tack-tack, rumms. »Viersiebenundachtzig, bitte. Haben Sie siebenundachtzig klein? Ja danke. Zehn, zwanzig, fünfundzwanzig...«

»Zwei Tüten, bitte.«

»Moment. Also das waren fünfundzwanzig, siebenundzwanzig, noch fünfzig Pfennig.«

»Hallo Nußfreunde! Diese Schokolade wird Sie entzücken! Nuß für Nuß knackig geröstet, Sonderangebot, für nur neunundneunzig Pfennige...«

»Keine fünfzig klein? Fünfundvierzig, dreiundzwanzig zurück. Was? Nein, das war letzte Woche im Angebot, kostet jetzt wieder einsneunzehn.«

»Zwei Tüten, hab ich doch gesagt!«

Herrgott, Moment. Verflixt, was kostet dieses elende Brot, kein Preis drauf. Einsneunundneunzig. Tack-tack, rumms. O nein, jetzt hab ich's zweimal eingetippt, so ein Mist. Vierzehn Mark neunzehn, ja danke. Nein. Was? Tack-tack, rumms...

Dies ist kein Irrenhaus. Dies ist ein ganz normaler Frauenarbeitsplatz. Seit zwei Tagen sitze ich als Kassiererin an der Kasse eines Supermarktes in Hamburg-Barmbek. Nichts besonderes, ein netter, durchschnittlicher Supermarkt, so einer, wo wir alle unsere Milch, Marmelade und Joghurts einkaufen.

Man kann nicht sagen, daß ich nicht gewußt hätte, auf was ich mich einließ. Ich hatte vorher Untersuchungen über die Arbeitsbedingungen im Einzelhandel gelesen. Mir war bekannt, daß Kassiererinnen Schwerstarbeiterinnen sind, die zum Beispiel an altmodischen Umpackkassen täglich im Durchschnitt zwischen zwei und fünf Tonnen Ware heben müssen, die überproportional an chronischen Erkrankungen wie Bluthochdruck, Rückenschmerzen, Schlaflosigkeit und nervösen Herzbeschwerden leiden, die bei hohem Lärmpegel, ständiger Zugluft und künstlicher Beleuchtung im Dauerstress arbeiten müssen, wobei von ihnen per Arbeitsvertrag Freundlichkeit, hohe Konzentration und Höflichkeit gegenüber den Kunden verlangt werden. Theroretisch wußte ich also Bescheid.

Jetzt ist es elf Uhr. Markttag, da ist der Andrang besonders groß. Ununterbrochen berennt mich eine hartnäckige, ungeduldige Menschenmenge mit Einkaufswagen. Ich sehe keine Gesichter, ich sehe nur noch Mäntel und Hände, die immer neue Berge von Lebensmitteln auf mein Förderband schaufeln. Einmal streift mein Blick zufällig über den schrägen Spiegel über der Kasse – den wir eigentlich zur Kontrolle der Kunden auch noch ständig im Auge haben sollen –, und ich zucke zusammen: Diese Person da, bin ich das wirklich?

In dem wurstpellenförmigen Dralon-Kittel, der hier zur Dienstkleidung gehört, sehe ich abgearbeitet aus. Das Neonlicht verzerrt meine Gesichtsfarbe ins Grünliche, ich habe tiefe Schatten unter den Augen und knallrot angelaufene Augäpfel vom intensiven Starren auf Preisetiketten. Und ich fühle mich noch elender, als ich aussehe: Mit dem linken Arm habe ich seit zwei Stunden hunderte von Flaschen, Konservendosen, Kartoffelsäcken und schweren Fleischpaketen vom Band in die Kundenbox gehoben und geschoben.

In der linken Wade habe ich einen Krampf vom Bedienen des Fußhebels, der das Förderband bewegt. Nach jedem Kassiervorgang springt die Kassenschublade mit einem Ruck auf und mir in den Magen. Mit rechts tippe ich die Summen ein, mit links zerre ich gleichzeitig widerspenstige, zusammenklebende Plastiktüten aus einem Karton unter der Kasse. Die Eisenräder der Einkaufswagen rollen rasselnd über den Fliesenboden, drei Kassen rattern, im Hintergrund dudelt ein Endlosband mit immer denselben Werbeslogans (»Hallo Nußfreunde...«). Ich bin bereits völlig erschöpft und werde langsam hektisch. Nach endlosen Stunden schaue ich wieder auf die Uhr: Zehn nach elf. Noch sieben Stunden bis Feierabend!

Verbissen hacke ich weiter auf die Preistasten ein. Verwechsle die Kennummern – vier für Wurst und Käse, drei für Fleisch, zwei für Gemüse, eins für alles andere. Wenn ich den Finger einen Moment zu lange auf der Kenntaste lasse, ist der Betrag zweimal eingebont, oder statt 99 Pfennig habe ich 99,99 Mark eingetippt. Katastrophe! Unter feindseligen Blicken muß ich einen »Fehlbon« ausstellen, alles noch mal eintippen, im Kopf die Differenz ausrechnen (Himmel, wieviel sind 86,71 minus 19,48? Schnell!).

Ganz furchtbar wird es, wenn ich einen Preis nicht weiß und die anderen Kassiererinnen gerade nicht in meiner Nähe sind. Dann muß ich mein enges Plexiglas-Kabuff verlassen, mich zwischen Zigarettenständern, Kunden und Einkaufswagen hin-

durchzwängen, mit dem Brot (oder Tiefkühleis, oder was auch immer) durch den Laden hetzen, vorbei an einer immer länger werdenden Kundenschlange, und lauthals brüllen: »Herr Müller, was kostet das?«
Wenn ich dann mit hochrotem Kopf zurückgetrabt komme, schlägt mir eine Welle eisiger Verachtung entgegen, ich spüre nur zu deutlich, daß jetzt jeder, aber auch jeder in dieser Menschenmenge nur eins denkt, nämlich: »Blöde Kuh! Wieso weiß die die Preise nicht auswendig?«
Da ich nicht herumgehen und mich rechtfertigen kann – schließlich haben wir 6000 Artikel im Laden, und manche Preise ändern sich jede Woche, ackere ich mit gesenktem Kopf und Schweißperlen auf der Stirn weiter. In meinem Herzen allerdings braut sich nach und nach bitterböser Zorn zusammen; kurz vor der Mittagspause möchte ich einzelne Exemplare in dieser gnadenlosen Phalanx von gehetzten Mäntel-Händen am liebsten erwürgen. Aber wie heißt es in meinem Arbeitsvertrag?
»Bleiben Sie auch im Hochbetrieb immer freundlich und zuvorkommend. Der Kunde wird es Ihnen danken und gern wiederkommen.«
Als ob mir das mittlerweile nicht völlig egal wäre. Meine Pause verbringe ich lethargisch auf dem harten Plastikgestühl des Personal-Aufenthaltsraumes. Essen kann ich nichts, mein Magen ist wie zugeschnürt. Meine Kolleginnen – in dieser Filiale arbeiten insgesamt 17 Angestellte, vom Filialleiter bis zum Lehrling – essen ebenfalls wenig und denken lustlos darüber nach, was sie denn heute abend bloß wieder kochen sollen. Die meisten von ihnen sind verheiratet und haben Kinder im Haushalt, die klassische Doppelbelastung also. Mir ist ein Rätsel, wie sie diese Art von Arbeits- und Privatleben jahrelang durchhalten können.
Denn ich habe abends um halb sieben das Gefühl, einen kombinierten psycho-physischen Hochleistungsdauertest absolviert zu haben. Fünf- bis sechshundert Kunden sind an mir vorbeigezogen, ich habe circa zwanzigtausend Preisschilder gelesen, zehn Rollen Wechselgeld verbraucht, acht- bis elftausend Mark in kleinen Scheinen eingenommen und das auf Heller und Pfennig genau abgerechnet. Die verkrampfte Muskulatur meines linken Arms will sich selbst im heißen Bad nicht mehr richtig entspannen. Um Viertel nach acht schlafe ich vor dem Fernseher ein und träume die ganze Nacht von bösartigen Registrierkassen.
»Stellen Sie sich das nur nicht zu leicht vor. Die Tätigkeit einer Kassiererin ist eine verantwortungsvolle Aufgabe«, hatte der

Bezirksleiter mir beim Einstellungsgespräch erläutert. Er sagte das allerdings nicht, um mir die hohen Anforderungen meines neuen Jobs vor Augen zu führen. Er erklärte mir so, weshalb ich nicht offiziell als Kassiererin (Anfangsgehalt: 1895 Mark brutto) beschäftigt werden könne. »Denn schließlich«, so der Bezirksleiter, »haben Sie das ja nicht gelernt. Und da würde unser Betriebsrat protestieren, wenn wir Sie jetzt gleich als Kassiererin einstellen würden.«

Daß ein Betriebsrat Einspruch gegen die zu hohe Bezahlung eines Arbeitnehmers erheben könnte, schien mir eine interessante neue Variante im weiten Feld der Tarifpartnerschaft zu sein. Im Tarifvertrag für den Hamburger Einzelhandel sah ich nach, in welche Lohngruppe ich eingruppiert worden war: Gruppe A, Staffel 2, gedacht für »einfache Arbeiten, die ohne vorherige Arbeitskenntnisse nach Einweisung ausgeführt werden«.

Meine Einweisung bestand darin, daß ich eine halbe Stunde hinter einer Kassiererin stand und ihr über die Schulter sah, sodann die Kasse übernahm und fortan täglich achteinhalb Stunden, freitags sogar neuneinhalb Stunden und sonnabends fünf Stunden ausschließlich kassierte. Wie die anderen Vollzeitkräfte hatte ich in der Woche einen freien Tag.

Wäre ich in diesem Arbeitsverhältnis geblieben, hätte die Firma also allein an mir monatlich fast 250 Mark eingespart. Ein Einzelfall wäre ich damit nicht gewesen: Nach Schätzungen der zuständigen Gewerkschaft Handel, Banken und Versicherungen (HBV) ist die überwiegende Mehrzahl der Kassiererinnen in Filialen des Einzelhandels falsch, das heißt zu niedrig, eingruppiert. Allein im Jahr 1981 verschafften die Einzelhandelsunternehmen sich nach Angaben der HBV über solche »Lohndiskriminierungen« Extra-Gewinne von rund zehn Milliarden Mark.

»Wir sind alle hier nur ›Verkäuferin mit Kassiertätigkeit‹, weil wir ja neben dem Kassieren auch noch andere Arbeiten machen«, erklärt mir eine Frau. In ihrem Fall bedeutet das: Sie und eine Kollegin kommen morgens eine Dreiviertelstunde vor Arbeitsbeginn, um die Zeitungen einzusortieren, ihren Arbeitsplatz zu putzen und die Kasse einzurichten. Wenn der Kundenandrang tagsüber etwas nachläßt, zeichnen sie Ware aus oder füllen Regale auf. Nach Ladenschluß rechnen sie die Kasse ab, was eine viertel bis halbe Stunde dauert. Mit Anfahrt und Pausen haben sie einen Zwölf-Stunden-Arbeitstag. Ihr

Verdienst liegt jedoch rund 400 Mark unter dem tariflich festgelegten Kassiererinnen-Gehalt. »Das ist halt im Einzelhandel so, da kann man nichts machen«, meint die ›Verkäuferin mit Kassiertätigkeit.‹
Sie irrt. Denn schon vor über zwölf Jahren hat eine Kollegin gegen die Supermarkt-Kette, bei der wir arbeiten, auf richtige Eingruppierung geklagt und vor dem Bundesarbeitsgericht recht bekommen. Das Gericht entschied damals in höchster Instanz, daß auch Kassierer in Selbstbedienungsläden nach Gehaltsgruppe K 3 bezahlt werden müssen und daß über die Eingruppierung die »tatsächlich verrichtete Tätigkeit« entscheidet (BAG-Urteil vom 6. Dezember 1972 4 AZR 56/72). Gerade unsere Firma müßte es also besser wissen.
Ich mache die Probe aufs Exempel. Mit einem Flugblatt der HBV in der Hand, das am Morgen im Laden verteilt wurde, rufe ich in der Mittagspause die Betriebsratsvorsitzende an: »Hören Sie, auf diesem Flugblatt von der Gewerkschaft steht, wenn man mehr als die Hälfte seiner Arbeitszeit kassiert, gehört man in Gehaltsgruppe 3. Ich sitze ausschließlich an der Kasse, also trifft das auf mich wohl zu?«
Die Betriebsratsvorsitzende, Mitglied der Deutschen Angestellten-Gewerkschaft, empört sich erst mal über die Flugblattverteiler: »Das ist unfair von der HBV, die wissen genau, daß wir hier andere Regelungen haben!«
Die »anderen Regelungen«: Laut »mündlicher Vereinbarung« würden bei unseren Supermärkten nur »Verkäuferinnen mit Kassiertätigkeit« beschäftigt. Was auf dem Flugblatt stehe, gelte nur für Sammelkassen in großen Kaufhäusern, lügt diese Personalvertreterin mich einfach an, »und Sie sitzen im Moment ausschließlich an der Kasse, weil Sie eingearbeitet werden müssen«. Dann verlangt sie den Vertreter des Filialleiters und fordert ihn auf, die Flugblätter sofort zu »beschlagnahmen«.
»Die meisten Kassiererinnen wissen, daß sie zu niedrig eingestuft sind«, sagt Karlheinz Marth, Tarifexperte der Gewerkschaft Handel, Banken und Versicherungen, »aber dagegen klagen? Das tun nur die wenigsten.« Dabei habe jede, die den Schritt vor Gericht wage, gute Karten in der Hand: »Das ist eine ganz einfache Sache. Die Frauen bekommen sehr schnell recht.«
Neun Kassiererinnen eines Supermarktes in Hamburg-Neuwiedenthal wollten ihren Arbeitgeber 1983 auf Höhergruppierung verklagen. Vor dem ersten Verhandlungstermin bot die

Geschäftsleitung einen Vergleich an: Sie wollte freiwillig die Hälfte der Differenz zur höheren Tarifklasse zahlen, im Einzelfall bis zu 200 Mark. Die Frauen nahmen das Angebot an.
Für 40 Kassiererinnen einer Filiale der Rewe-Leibbrand-Gruppe konnte die Gewerkschaft HBV mit der Geschäftsleitung einen höheren Lohn aushandeln. Und bei einem Hamburger Supermarkt der »Allkauf«-Kette wollen jetzt zehn Kassiererinnen vor Gericht ziehen.
Traditionell stehen die im Einzelhandel-Beschäftigten am unteren Ende der Einkommensskala. So liegt das Durchschnittseinkommen der 1,1 Millionen weiblichen Angestellten im Handel noch unter dem Lohn eines Industriearbeiters in der untersten Leistungsgruppe. Eine gelernte Verkäuferin mit acht Jahren Berufserfahrung verdient im Schnitt 2040 Mark brutto. Für dieses magere Gehalt wird aber immer mehr Leistung verlangt: Mit demselben Beschäftigungsstand wie vor fünf Jahren werden heute im Einzelhandel eine um die Hälfte angewachsene Verkaufsfläche bedient und reale Umsatzsteigerungen von rund 55 Prozent erzielt.
Diese Personalpolitik schlägt sich auch in wachsenden Gewinnen bei den Großunternehmen des Einzelhandels nieder. So äußerten sich nahezu alle Konzerne zutiefst befriedigt über die Entwicklung im Geschäftsjahr 1983: »Ertragslage verbessert« (Karstadt), »Rasantes Plus bei Ertrag und Umsatz« (Allkauf), »Die Gewinne werden immer größer« (Aldi), »Ertragslage durchgreifend verbessert« (Horten), »Ertrag klar verbessert« (Kaufhof). Im Zeitraum von 1980 bis 1983 bauten allein die vier großen Warenhauskonzerne Hertie, Kaufhof, Karstadt und Horten fast 35 000 Arbeitsplätze ab. Rund ein Fünftel ihrer Angestellten wurde wegrationalisiert.
»Und wenn sie jetzt auch noch das Ladenschlußgesetz abschaffen sollten, dann werden wir uns auch noch die Abende um die Ohren schlagen müssen«, seufzt eine Kollegin von mir. »Aber wir Verkäuferinnen sind ja immer die Betrogenen, wir müssen am meisten schuften und kriegen am wenigsten Geld.«
»Pst, hast du das schon gesehen, der Bezirksleiter ist da«, flüstert mir Elsa vom Gemüsestand aus zu, »jetzt gibt's gleich wieder Gebrüll.«
Wenn der Bezirksleiter den Laden betritt, zittert die ganze Belegschaft. »Sauladen hier!« schreit der dickliche Mitfünfziger denn auch gleich den armen »Assie« an, »wieso sind die Bananen alle hier hinten und nicht vorne in der Auslage? Muß sofort

gemacht werden!« Dann wird der Gemüseverkäufer angepfiffen. Der Bezirksleiter beliebt mit dem Personal im Kommißton umzuspringen.
Aber diese Tonart erfüllt ihren Zweck. Im Handumdrehen verschwinden die ›*Bild*‹-Zeitungen vom Tisch im Personalraum. »Er will das nicht, das sieht unordentlich aus.« Weniger scheint ihn zu stören, daß weder in den Personaltoiletten noch im Aufenthaltsraum saubere Handtuchrollen in den Haltern hängen. »Das«, belehrt er mich spitz, »ist Angelegenheit des Filialleiters.«
Elsa, die seit neun Jahren in dieser Filiale arbeitet, verdient, wie sich herausstellt, ebensoviel wie ich: 9,53 Mark brutto pro Stunde. »Ich hab ja auch nichts gelernt«, sagt sie. Neulich sollte sie 175 Mark Strafe ans Ordnungsamt zahlen, weil in der von ihr gefüllten Molkereitruhe zu alter Käse gefunden worden war, »obwohl ich zu der Zeit in Urlaub war.« Sich zu wehren, gar nach mehr Geld zu fragen, traut sie sich nicht.
Nachmittags gegen vier Uhr überwacht der Assistent des Filialleiters die Kassenabrechnung. Dann müssen wir mit der vollen Kasse unterm Arm – meist sind zu diesem Zeitpunkt 7000 bis 8000 Mark drin – quer durch den ganzen Laden nach hinten laufen. Im Büro wird der Kassenkontrollstreifen, »X-Bon« oder »Z-Bon« genannt, mit dem Inhalt der Kasse verglichen: Und wehe, es sind nicht genau die 7658,73 Mark in der Kasse, die laut »X-Bon« eingenommen wurden. Auf einem Kassenberichtzettel werden der Name der Kassiererin, Ergebnisse und Differenzen Tag für Tag notiert. Wer zu häufig »Differenzen« hat, bekommt ein Abmahnung. Mir ist es kein einziges Mal gelungen, einen »Nuller« zu fabrizieren: Entweder hatte ich zuwenig oder zuviel Geld in der Kasse. Ein schlechtes Gewissen, wenn die Kasse nicht stimmt, hat man dabei immer...
Rüde Methoden, was die Kontrolle des Personals angeht, sind im Einzelhandel durchaus üblich. Besonders drastisch wird dabei in der größten deutschen Billigladenkette vorgegangen. Dort ist es Kassiererinnen nicht nur verboten, am Arbeitsplatz ihr Portemonnaie bei sich zu haben, auch der Besitz eines Kugelschreibers ist ihnen streng untersagt: Mit diesem könnten sie ja theoretisch Kassenzettel manipulieren. Zigarettenschachteln müssen sie vom Filialleiter »abzeichnen« lassen; werden sie mit einem ungekennzeichneten Päckchen angetroffen, folgt – so eine Kassiererin – »das Wort zum Sonntag«: fristlose Kündigung wegen angeblichen Diebstahls.

Mit allen möglichen Tricks werden die Angestellten auf ihre Zuverlässigkeit getestet. Magda K., 59, berichtet: »Zum Beispiel wird in der Zentrale auf Paletten mit Kaffee oder Schnaps mehr Ware gestellt als im Lieferschein angegeben. Mir ist einmal passiert, daß ich mehrere Paletten abzunehmen hatte, darunter auch eine mit Eierkartons. Ich schob sie ins Lager, ohne genau durchzuzählen. Es war eine Testpalette, drei Kartons mehr. Nachmittags kam der Bezirksleiter und schrie mich an: ›Ich bezichtige Sie des Diebstahls. Sie wollten die Eier verschwinden lassen. Sie sind ab sofort beurlaubt!‹ Ich wußte zuerst gar nicht, wovon er redet.«
Kassiererin Anita B., 53, wurde vor zwei Jahren fristlos entlassen, weil sie einen Zwanzig-Mark-Schein, den eine Testkäuferin ihr als gefunden ablieferte, an der Kasse liegenließ und nicht sofort dem Filialleiter ablieferte. Sie behielt allerdings die Nerven, klagte und mußte zwei Monate später zu den alten Konditionen wieder eingestellt werden. Zu den Zermürbungspraktiken in ihrer Firma sagt sie: »Die reden so lange auf einen ein, bis man alles unterschreibt. Herunterstufung, fristlose Kündigung, eigene Kündigung. Es soll schon Verhöre in der Zentrale gegeben haben, die bis zu acht Stunden dauerten.«
»Es ist schon unglaublich«, meint Hanne Wendt, Betriebsrätin, »was die Leute sich alles aus Angst um ihren Arbeitsplatz gefallen lassen. Wir werden betrogen von vorne bis hinten. Aber wenn abends die Kasse nicht stimmt, dann stehen manche Frauen da und heulen und fühlen sich wie ein Dieb. Ich glaube, es macht sich keiner ein Bild davon, wie hart diese Arbeit tatsächlich ist.«

Anne-Rose Dostalek

Pille gegen Streß gesucht!

»Komm ruhig vorbei«, sagte Brigitte, aber ich weiß nicht, wie viele kommen, vielleicht hocken nur wir vom Betriebsrat da.«
Einige HBV-Kolleginnen hatten zu einem Stammtisch eingeladen, um über den ständigen Streß bei einem Arzneimittelgroßhandel mit ca. 280 Beschäftigten in der Niederlassung Frankfurt zu reden. Als Brigitte, kurz nach 20 Uhr abgehetzt in der

Kneipe erschien, traf sie bald der Schlag. Von wegen »vielleicht sind wir nur vier oder fünf Frauen«. Über 20 Kolleginnen und Kollegen saßen schon da, rückten immer mehr zusammen für die Nachzügler, qualmten, erzählten und bestellten ihre Schöppchen.

Wie hatten sich nicht vorher die gewerkschaftlich aktiven Kolleginnen und Betriebsratsmitglieder den Kopf zerbrochen: Wir müßten einen Treff machen, klar, aber wann? Wir haben doch alle so verschiedene Arbeitszeiten, das klappt nie. Nie? Da saßen sie, die Kolleginnen aus dem Lager, die ihre Schicht von 10.30 bis 14.30 Uhr schon hinter sich hatten, oder die von 8 Uhr bis 14 Uhr arbeiteten. Die Spätschichtler kamen jetzt gerade von der letzten Schicht, die von 16.45 Uhr bis 19.45 Uhr dauert. Im Lager arbeiteten die meisten Frauen in Teilzeit, in den sogenannten Hausfrauenschichten. Jetzt hatte es wirklich geklappt, Kolleginnen und Kollegen aus den verschiedenen Schichten zusammenzubekommen. Bügelkorb und Wäsche blieben an diesem Abend liegen, der Ehemann saß alleine mit der bereitgestellten Bierflasche vor dem Fernseher, heute abend hatten sich die Frauen freigenommen. Es ging ihnen um die Arbeitsbedingungen in der Firma, und zwar vor allem im Lager. Mit dem Umzug vor zwei Jahren in einen Neubau im Rödelheimer Industrieviertel war ihnen auch ein neues Lagersystem beschert worden. Seit die Zeiten hoher Zuwachsraten für den Arzneimittelgroßhandel vorbei sind, wird rationalisiert, Arbeitsplätze eingespart und an den Sozialleistungen gerüttelt. Aber es gibt auch eine Bewegung in die andere Richtung: Im Sommer 1986 setzte ein Warnstreik in der Tarifrunde zur Arbeitszeitverkürzung ein Signal. Das hatte es in der Niederlassung Frankfurt noch nie gegeben.

Brigitte, Betriebsratsvorsitzende und aktive Gewerkschafterin, brauchte an diesem Abend nicht viel zu sagen, um die Diskussion zu entfachen: »Ihr wißt alle, was los ist. Seit dem Umzug ist alles schwieriger geworden, nur noch Streß und Hektik, vor allem im Lager, und auch noch andere Sachen stehen uns ins Haus. Wir tun schon einiges im Betriebsrat, aber bei dem Druck, den die Geschäftsleitung macht, ist es unbedingt nötig, eine Betriebsgruppe zu gründen. Wir müssen gemeinsam überlegen, was wir tun können.«

Die Kolleginnen und Kollegen legten los. Endlich konnten sie in aller Ruhe, ohne Angst vor einem sie beobachtenden Vorgesetzten, den täglichen Ärger loswerden.

Dauernd neue Aushänge der Geschäftsleitung, dies ist verboten, jenes ist verboten. Sonderkontrollen hier, Sonderkontrollen dort. Muß jemand weg, und sei es nur aufs Klo, ist kein Springer da, die Station läuft über und man wird angeschnauzt.
Einige Kolleginnen und Kollegen sprachen auch aus, daß untereinander oft Streit entsteht, weil der Arbeitsdruck so stark ist. Da wird über die vorangegangene Schicht geschimpft oder über eine Kollegin, weil die langsam wie eine Schnecke arbeite und man selber sich die Hacken abrenne.
»Ohne Zusammenhalt geht es nicht«, sagte eine zum Schluß, »wir dürfen uns nicht gegeneinander ausspielen lassen.«

Bildschirm und Telefoncomputer

An einem der nächsten Tage kurve ich durch das Rödelheimer Industrieviertel und halte Ausschau nach der Arzneimittelgroßhandlung. Da ist es, ein neuer Flachbau mit gläserner Eingangstür. Die Kolleginnen, deren Schicht beginnt, stecken ihre Stechkarten in einen kleinen Schlitz am Eingang, dann öffnet sich die Tür. Ich muß klingeln und werde dann eingelassen.
Brigitte, die Betriebsratsvorsitzende, wird ausgerufen. Nach ein paar Minuten kommt sie und wir gehen zusammen in die Kantine. Wir haben Glück, bekommen noch den letzten Kaffee und ich schaue mich neugierig um. Die Kantine ist ein heller, freundlicher und pflegeleichter Raum. »Die Blumen sind auch aus Kunststoff«, sagt Brigitte, »aber jetzt haben wir wenigstens Platz genug für unsere Betriebsversammlungen.«

Die Büroräume, die von langen weißen und fensterlosen Fluren abgehen, sind jetzt um 16 Uhr schon verlassen. Nur im Großraumbüro der Auftragsannahme herrscht noch Hochbetrieb. Ungefähr 20 Frauen sitzen in Reih und Glied vor ihren Bildschirmen, Telefonstöpsel im Ohr. Per Datenfernübertragung übermitteln die angerufenen Apotheken ihre Bestellungen. Früher hatte jede Kollegin einen festen Kundenstamm, den sie mehrmals täglich zu bestimmten Zeiten anrief. Mit dem Einzug der Telefoncomputer hat sich das geändert. Die Kundenkarten werden aus einem zentralen Pool verteilt, die Apotheken mit einem Telefonkürzel angewählt und der Datenfluß, d. h. die Bestellung, läuft automatisch von Gerät zu Gerät.
Die meisten Kolleginnen arbeiten ganztags, sitzen acht Stun-

den vor Bildschirm und Telefoncomputer. Brigitte sagt, daß die Frauen zufrieden seien, die Arbeitsplätze sind ergonomisch durchdacht, der Raum ist groß und hell, die Beleuchtung auf Bildschirmarbeit abgestellt, Tische und Stühle entsprechen den Richtlinien, sogar Fußstützen sind vorhanden.
Ein letzter Blick über den Raum, konzentrierte Stille herrscht hier, nur manchmal fliegt ein Wort zur Kollegin nebenan. Zwei Meter Abstand ermuntern nicht zum Gespräch und auch nicht die Telefonstöpsel im Ohr und das auffordernde Piepsen der Bildschirme.

... *Wenn die Station überläuft*

Wir gehen zum Lager weiter, eine nüchterne Brandschutztür trennt den Verwaltungstrakt von der lärmigen Halle. 16.59 Uhr geht die nächste Tour. Kollegin I. flitzt zwischen Lieferschein-Drucker und Transportband hin und her, hält den elektronischen Leser über jeden ankommenden Auftrag, wirft ihn in die noch leere Transportwanne, liest auch noch die Wannennummer ein. Ab geht die 20 × 30 cm große Kiste, rattert über das Rollband und Kollegin I. zieht schon den nächsten Lieferschein aus dem Drucker.
Alle Stunde werden die Aufträge ausgefahren, in zehn Touren überall hin in die Stadt. Zigtausende Arzneimittel gehen täglich raus, die Menge soll nach den Vorstellungen der Geschäftsleitung auch noch gesteigert werden.
An den zwei Bildschirmen beim »Lageransatz«, so wird der Startplatz der Transportwanne genannt, kann der Weg jedes einzelnen Auftrages verfolgt werden, kann abgelesen werden, zu welcher Tour er gehört und auf welcher Station die Kiste gerade hängt.
Die Arzneimittel lagern in langen Reihen von Stahlregalen und vom Lageransatz aus führen Rollbänder zur Schnelldreherstation geradeaus und zur Langsamdreherstation links. Aussteuerstationen übernehmen die Feinregulierung am Band. Wie die Anlage einer Spielzeugeisenbahn, so sieht es für mich aus, dieses Gewirr von Rollbändern, die sich um und durch die Regale winden, hinauf- und hinunterklettern, mit Überführungen und Kurven. An der Querfront des Lagers erhebt sich eine Brücke aus Eisenstreben, auf der Brigitte und ich nun stehen und auf die Rollbänder und Regale blicken.

»So ist das auch gedacht«, sagt Brigitte trocken, »hier oben steht der Lagerleiter und jede Kollegin fühlt sich beobachtet.«
Wir gehen durch die Regalstraßen der Schnelldreherstation, also dem Lagerteil, in dem die häufig gefragten Arzneimittel lagern. Eine Kiste nach der anderen rattert auf dem Rollband vorbei und wie mit Zauberhand geführt, steuert die eine Wanne Station Nr. 1 an, während die andere erst zwei oder drei Stationen weiter stoppt. Das Füllen der Wannen geschieht aber noch nicht mit Zauberhand, bis zu sechs Frauen arbeiten in dem ca. 50 m langen Gang, ungefähr 4 Stationen sind zu bedienen. Allerdings, Roboter werden schon getestet, sagt mir Brigitte, es sei nur noch eine Frage der Zeit, wann sie Einzug halten. Dann werden alle diese Arbeitsplätze verloren gehen.
Auf Station 1 läuft eine Kiste ein. Frau M. nimmt den Auftrag, schaut auf die Lagernummer, die neben dem Arzneimittelnamen ausgedruckt ist, läuft suchend einige Schritte, greift den Artikel, vergleicht nochmal die Nummer, hakt sie auf dem Auftrag ab und legt das Arzneimittel in die Wanne. Alkoholtupfer und Haarausfallmittel wandern so in die Kiste, dann rattert sie weiter zur nächsten Station.
Früher, im alten Lager, gab es dieses System und auch die Rollbänder noch nicht. Die Frauen mußten wissen, wo ein Artikel saß, was für eine Art von Artikel es war. Jetzt geht alles nur nach Lagernummern, die Erfahrung und das Wissen von früher sind nutzlos. Die Arbeit ist einfacher geworden, die Kiste braucht nicht mehr geschoben zu werden, die Wege sind kürzer, aber der Arbeitsdruck ist gewachsen und der Krankenstand im Lager schnellte hoch.
»Im alten Lager gab es noch Teamarbeit«, sagt Brigitte, »es wurde in Abteilungen gearbeitet und wenn es irgendwo stockte, hieß es, in Lager 4 hängt es. Jetzt heißt es, bei der Kollegin M. hängt es. Die Leistungsunterschiede kommen deutlicher heraus. Die Kollegin M. ist zu langsam, wird gesagt, da läuft die Station schon wieder über.«
»Überlaufen, was meinst du mit Überlaufen«, frage ich. »Man kann die Uhr danach stellen«, sagt Brigitte grimmig, »in den Stoßzeiten kommt eine Kiste nach der anderen, die Kollegin schafft es nicht mehr, die Station ist zu, ist blockiert und es dauert nicht lange, dann kommt der Lagerleiter angerannt und schimpft, was los sei, der Auftrag Nr. soundso laufe schon zehnmal rum.«

Es dauert nicht lange, dann sehe ich es auch selber, die Kolleginnen rennen und hasten, die Kisten rollen heran, drei, vier laufen auf, die fünfte fährt vorbei. Es hängt bei der Kollegin.
Aber nicht nur zu den Stoßzeiten gibt es dieses Problem. Will eine Frau einmal aufs Klo oder muß aus irgendeinem anderen Grund kurz ihren Arbeitsplatz verlassen, passiert dasselbe. Springer stehen nur auf dem Papier. »Früher, da konnten wir noch eine Zigarette rauchen gehen«, sagt eine Kollegin, »jetzt kann man nicht mal mehr aufs Klo gehen.«
Für DM 9,77 Stundenlohn nach dem Tarif (Groß- und Außenhandel) arbeiten die Frauen im Lager, die meisten in Teilzeit, in den sogenannten Hausfrauenschichten. Auch viele Aushilfen werden beschäftigt. Frauen, die ganztags arbeiten, verdienen im Lager ca. 1690 DM im Monat.
Als wir wieder die Brücke passieren, entdecke ich einen Fremdkörper inmitten des Regalsystems: einen riesigen Kühlschrank und obenauf steht ein Kaktus. Den Kühlschrank haben sich die Kolleginnen ertrotzt, im letzten Sommer, als es so heiß war und nicht mehr auszuhalten ohne wenigstens etwas Kühles zu trinken.
Und der Kaktus? Vielleicht war er nur jemandem zu groß geworden, aber jetzt stand er da oben auf dem Kühlschrank, ein stachliges Lebenszeichen in diesem durchrationalisierten Lager.

Ingrid Eißele

Nach dem Akkord die Langeweile

»Es ist wirklich seltsam... Jetzt haben wir über zwei Millionen Arbeitslose in diesem Land, aber ich kenne keinen einzigen darunter.«
Ein plötzlicher, verwunderter Ausspruch eines 31jährigen Angestellten in einem Gespräch über Arbeitslose – ein Satz, der eine Wahrheit offenlegt, die Bundesarbeitsminister Norbert Blüm auf dem evangelischen Kirchentag in anderen Worten wiederholte: Die Arbeitsplatzbesitzenden, so des Ministers Feststellung, schotten sich zunehmend von den Arbeitslosen ab.

Baden-Württemberg, allenthalben gerühmt als wirtschaftsstarkes »Musterländle«, hat rund 230000 Arbeitslose, meldet das Arbeitsamt in seinen neuesten Statistiken. Doch wo sind sie, diese Arbeitslosen, wie leben sie, was heißt es für den Einzelnen, ohne Arbeit zu sein, auf Kosten des Staates zu leben?
Hanne K., 49 Jahre alt, Mutter von fünf Kindern und geschieden, gehört zu den Dauerkunden des Arbeitsamtes. Nachdem die Kinder auf eigenen Beinen stehen konnten, hatte sie am Fließband Akkord gearbeitet, zehn Jahre lang. Seit zwei Jahren ist sie arbeitslos.
Der Interviewtermin mit Hanne K. (Name auf Wunsch geändert) kam durch die Vermittlung des Arbeitsamtes zustande. Hanne K. erklärte sich zu einem Gespräch bereit, weil es, wie sie meint, »so viele gibt, die nicht verstehen können, die meinen, man sei faul«.
Sie empfängt uns in ihrer Mietwohnung. Eine zierliche, kleine Frau, freundlich, ein wenig schüchtern. Eine Frau, die wenig lacht, und wenn, dann eher resigniert, angestrengt. »Wenn der Familienzusammenhalt nicht wäre«, sagt sie, »wär's schlimm.«
Kann denn das, wovon die »Arbeitsplatzhabenden« zumindest gelegentlich träumen – einmal unbegrenzte Zeit zu haben, ohne Achtstundentakt leben, ohne mäkelnde Vorgesetzte, frei von Streß und Ärger – kann denn das wirklich so schlimm sein?
»Das erste Jahr war schön«, gesteht Hanne K. freimütig. »Es war toll, morgens nicht so früh aufstehen zu müssen.«
Heute liegt ihr letzter Arbeitstag zwei Jahre zurück. Sie hat keinen Beruf erlernt, sondern 1952, als sie mit ihren Eltern, Donauschwaben, aus Jugoslawien in die Bundesrepublik umsiedelte, nur eines im Sinn: so schnell wie möglich eigenes Geld zu verdienen. Für die damaligen Verhältnisse sicher nichts Ungewöhnliches – die Entbehrungen des Krieges waren noch in frischer Erinnerung, wer wollte nicht mitschwimmen auf der euphorischen Welle der Wirtschaftswunderjahre mit einem plötzlich unbegrenzten Angebot an allem, was das Herz begehrt? Einen Vorwurf machte Hanne K. ohnehin keiner, das Lebensziel junger Frauen war die Ehe, nicht berufliche Karriere, eine Berufsausbildung überflüssig, denn »du heiratest ja doch«.
Hanne K. heiratete, doch als ihre Kinder aus dem Gröbsten heraus waren, wollte sie wieder arbeiten gehen. Sie fand einen Fließbandjob bei AEG. Zehn Jahre stand sie am Montage-

band und montierte Heimwerker-Werkzeug – Schichtarbeit im Akkord. Zum Schluß, sagt sie, habe sie es aber einfach nicht mehr machen können. Hanne K. ging und suchte fortan eine Beschäftigung, die sich auch mit lädierten Bandscheiben von einer knapp Fünfzigjährigen ausführen läßt. Ohne Erfolg allerdings. Die Beraterin beim Arbeitsamt gebe ihr bei fast jedem Besuch die wenig hoffnungsmachende Auskunft mit auf den Weg, »sie könne mir so gut wie gar nichts vermitteln«. Dabei sei sie sicher nicht wählerisch, beteuert Hanne K., sofern sie die Arbeit körperlich bewältigen könne.

Interesse zeige Hanne K. sehr wohl, bestätigt die Vizechefin der Arbeitsvermittlung beim Waiblinger Arbeitsamt, Ulrike Giesbert. Doch knapp 50 ist »ein sehr kritisches Alter«, weil Frauen wie auch Männer häufig gesundheitlich angeschlagen seien, »und das wirkt sich bremsend auf die Arbeitsvermittlung aus«.

Eine Problemgruppe sind für das Arbeitsamt gerade Frauen um die fünfzig, die keine Ausbildung haben und sich in der Industrie lediglich anlernen ließen: Das Angebot an Stellen wird durch Rationalisierung mehr und mehr geschmälert, die bisherige Berufserfahrung ist »absolut einseitig«. Wenn gesundheitliche Schäden dazukommen, könne jene Gruppe oft »das einzige, was sie beherrschen, nicht mehr machen«.

Für Hanne K. sei die Auswahl gering. Serviererin oder Putzfrau komme wegen ihres Bandscheibenleidens nicht mehr in Frage, lediglich »leichte Frauenarbeit sitzend«, beispielsweise Kontrollaufgaben, und jene sind auf dem Stellenmarkt dünn gesät.

Hanne K. verdiente, als sie noch Akkord arbeitete, monatlich zwischen 1700 und 1800 netto. Heute muß sie mit 628 Mark Arbeitslosenhilfe zurecht kommen. Demgegenüber stehen die Ausgaben für Wohnung, Essen, Kleidung, Telefon. Würden ihr nicht die Kinder unter die Arme greifen, wäre es noch knapper. Von ihrem Mann ist sie seit über fünf Jahren geschieden, Unterhaltsgeld bezieht sie nicht, »weil ich damals noch schön verdient habe.«

Hanne K. hat ihren persönlichen Lebensstandard abspecken müssen: ihren Ford Capri verkaufte sie, Reisen gibt es so gut wie keine mehr, Vergnügungen beschränken sich auf gelegentliche Sonntagsausflüge mit Bekannten.

Indes: Der finanzielle Aspekt ist nicht das Hauptproblem an lange währender Arbeitslosigkeit. Rentner und Studenten

Hanne K., 49 Jahre alt, arbeitslos
Foto: Uli Reinhardt

müssen teils mit weniger Geld auskommen. Das größere Problem ist jenes, das an Stammtischen oft verschwiegen oder ignoriert wird, weil es mit den ureigensten Ängsten – selbst in diese Situation zu kommen – zu tun hat. Das weder in Statistiken, noch in Politikerreden auftaucht, eher schon in Berichten von Psychologen: Wer länger arbeitslos ist, muß fertig werden mit dem langsamen, aber stetigen Abbau des eigenen Selbstwertgefühls, das mit jeder Absage, jedem vergeblichen Bittgang ein Stück mehr zusammenschrumpft.
»An manchen Tagen fühlt man sich einfach ausgeschlossen.« Die anderen hetzen zur Arbeit, Hanne K. bleibt zu Hause und

füllt den Tag mit den täglichen kleinen Pflichten – einkaufen, kochen, aufräumen, auf die Enkel aufpassen.
Was zeitweilig befriedigend sein mag, wird auf die Dauer zum langweiligen Trott. Früher sei ihr Tagesablauf straff eingeteilt gewesen, sagt sie. Neben der Arbeit mußte sie ihren sieben-Personen-Haushalt versorgen. Heute fällt ihr bisweilen die Decke auf den Kopf, vorzugsweise an grauen und regnerischen Tagen.
»Es ist langweilig, immer das gleiche«, klagt sie.
Mit der langen Arbeitslosigkeit einher geht die Versuchung, disziplinlos zu werden – wozu früh aufstehen, wenn keine Stechuhr stempelt?
»Man trödelt, weil man sich sagt, ich habe ja heute nachmittag Zeit.«
Hat sie der »Moralische« gepackt, ruft Hanne K. ihre Tochter an. Die weiß mittlerweile, wie sie mit den trüben Stimmungen ihrer Mutter umzugehen hat und bringt die Enkel zur Ablenkung vorbei. Oder Hanne K. macht einen Spaziergang, meist mit dürftigem Erfolg. »Wenn ich zurückkomme, ist es immer noch dasselbe.« Die Unzufriedenheit nagt weiter.
Früher, sagt sie, »ist vieles besser gelaufen«. Da gab es auch noch den täglichen Kontakt zu den Arbeitskolleginnen. Gut sei's gewesen, unter Leuten zu sein, »wenn man sonst nur Hausfrau ist«. Heute lebt sie zurückgezogen. Blüms Feststellung von der Abschottung gilt für beide Seiten, Arbeitslose und »Arbeitsplatzhabende«.
»Viele behandeln einen, als ob man faul sei«, hat Hanne K. festgestellt. Die gängige Redewendung, wonach jeder Arbeit bekommt, der Arbeit haben will, hat die 49jährige auch schon unter die Nase gerieben bekommen. Sie reagierte sauer, schließlich sei es nicht so, daß sie keine Arbeit wolle, »sondern daß ich keine bekomme«.
Ansonsten findet Hanne K.s Arbeitslosigkeit einfach nicht statt im weiteren Bekanntenkreis. Wird sie gefragt, was sie arbeitet, folgt der Anwort »ich habe da nichts zu verheimlichen«, meist eine etwas betretene Kenntnisnahme. »Die, die Arbeit haben«, schließt sie aus den Reaktionen, »wollen nicht über Arbeitslosigkeit reden, es ist ihnen egal.« Das psychologische System ist ausgeklügelt: da gibt es mittlerweile eine »arbeitende Klasse«, die eine Anstellung hat und entsprechend gern das Wort führt vom Selbstverschulden der Arbeitslosen. Stärkt es doch gleichzeitig den Glauben, man persönlich habe seinen Arbeitsplatz zu

Recht, während die anderen Faulenzer, Drückeberger, Tagediebe sind, die dem Staat auf der Tasche liegen. Mit wachsender Arbeitslosigkeit ist diese bequeme Erklärung ins Wanken geraten – jetzt gibt es plötzlich auch solche Arbeitslose, die nach Firmenzusammenbrüchen »ganz ohne eigene Schuld« auf die Straße gesetzt wurden.
Kräftig geschürt wird das Klischee vom faulen, desinteressierten Arbeitslosen aber immer noch. Just von jenen, die für die über zwei Millionen Untätige im Land die Verantwortung zumindest mittragen. Für einen CDU-Bundestagsabgeordneten sind die rund 5000 Arbeitslosen in seinem Wahlkreis, wie er auf einer Veranstaltung kundtat, schlicht »Alkoholiker und Fußkranke«.
Die Taktik ist immer noch überaus erfolgreich. Denn irgendwann glauben auch die Betroffenen selbst, daß die Schuld allein bei ihnen liegt. In die Rechtfertigungsposition werden die Falschen gedrängt – die Arbeitslosen anstelle der Herren und Damen in Bonn.
Hanne K.s Besuche auf dem Arbeitsamt enden stets mit dem gleichen Ergebnis. »Es ist schwierig, für Sie etwas zu finden.« Je länger jemand arbeitslos ist, hat Vermittlerin Ulrike Giesbert festgestellt, desto schwieriger wird die Vermittlung. Es bleibe nur, weiter zu suchen, vielleicht gibt es ja irgendwo mal eine Aushilfstätigkeit. Große Hoffnungen will die Arbeitsamtsberaterin Hanne K. nicht machen. »Zumindest in nächster Zukunft sehe ich keine konkrete Möglichkeiten.«
Frage an Hanne K., wie sie selbst ihre Chancen sieht. »Ich denke«, sagt sie mit einem müden Achselzucken, »ich krieg überhaupt nichts mehr.«

Auf unseren Knochen

Heinrich Droege

Auf unseren Knochen
Bei Europas größtem Arbeitgeber: der Post

Fräulein vom Amt. Der Monolog der Barbara M.

»Wenn morgens zwischen 10 und 12 Uhr ein Teilnehmer eine Rufnummer erfragen will, dann wird er meist hören: ›Hier Auskunft, bitte haben Sie etwas Geduld!‹ Er wird dann nämlich auf eine Tonbandschleife geschaltet, bis ein Auskunftsplatz frei ist. Bei mir am Platz leuchtet dann eine Lampe auf, und wenn ich frei werde, dann nehme ich ab, melde mich und frage den Teilnehmer, welche Auskunft er wünscht. Wir müssen uns mit der Platznummer melden, machen wir auch. Die meisten Kunden sind nett, aber einige poltern rum oder brüllen gleich los: ›wie lange soll ich denn warten; ihr macht wohl wieder Kaffeekränzchen, was?!‹ Ich entschuldige mich dann – für was eigentlich? – aber wir müssen immer höflich sein, und wenn der Kunde noch so blöd ist und rumbrüllt.

Wir haben den ganzen Tag einen Hörer auf dem Ohr und ein Mikrophon vor dem Mund, die Telefonnummern lesen wir von einem Bildschirm ab. Früher war das anders, ohne Bildschirm, vor so großen Drehständern saßen wir, aus denen Karten gezogen werden mußten, darauf die Nummern. Die waren noch schlechter zu lesen. Heute angle ich mir die entsprechende Mikrokarte aus einem Trog und führe sie ins Lesegerät ein. Nach dem Koordinatensystem finde ich den gesuchten Teilnehmer und gebe dessen Rufnummer durch.

Der Raum, in dem wir arbeiten, ist abgedunkelt; wenn man Sonnenlicht oder direktes Licht von der Lampe auf dem Bildschirm hat, kann man nichts mehr lesen. Es ist so schon schlimm genug; die Augen werden arg strapaziert. Augentropfen und Kopfwehpillen hat jede von uns in ihrer Handtasche.

Wir arbeiten in riesigen Räumen. 150 Plätze sind in einem Raum, natürlich voll klimatisiert, weil so viele Menschen und die Technik Wärme erzeugen. Ich bin ständig leicht erkältet durch die Klimaanlage, nach drei Stunden habe ich Kopfweh und Ohrensausen.

Jetzt soll ja ein neues System eingeführt werden: KONTES-

AUDI, was so viel heißt – warte muß ich nachsehen: Kundenorientierte Neugestaltung der Teilnehmerdienste durch Einsatz von Datenverarbeitungssystemen-Auskunftsdienst. Pah! Was'n Satz. Dadurch sollen im Bereich Auskunft 3900 Arbeitsplätze wegfallen. Bei uns hier alleine etwa 220; das sind gut 50 Prozent der jetzigen Arbeitsplätze.
Die meisten der Kolleginnen arbeiten hier im Schichtdienst. Ich auch. Ich mache das eigentlich ganz gerne, weil ich geschieden bin und ein Kind habe. Da kann man mal was erledigen, Behördengänge und so, aber wenn ich Wochenenddienst habe, dann weiß ich mit dem Kind nicht wohin, das nimmt dann die Oma. Schichtdienst heißt natürlich nicht nur früh-spät-nacht, es heißt auch am Wochenende Dienst machen im Schichtrhythmus. Die meisten machen Schichtdienst nicht gerne, wegen der Familie. Aber das unregelmäßige Arbeiten, Schlafen, Essen schlaucht auch ganz schön. Nach ein paar Jahren bist du fertig, dann hast du es mit dem Kreislauf und die Nerven flattern bei jedem Mist.
Obwohl, am abwechslungsreichsten ist der Nachtdienst. Da gibt es vielleicht verrückte Vögel, die fragen Sachen, zum Beispiel, ob ich ein gutes Chinarestaurant weiß, welche Apotheke Nachtdienst hat, ob ich wüßte, welche Pillen für Rheuma gut wären, und dann will die alte Frau mir alle Pillenschächtelchen vorlesen, die sie in der Hausapotheke gefunden hat. Und natürlich die Kerle. Die glauben, wir wären Freiwild. Ist ja so schön anonym, denken die, und die werden dann anzüglich, gleich per du, hast du eine schöne Stimme, sympathisch – wirklich, können wir uns nicht mal sehen – aber ich mach das nie, sage, habe keine Zeit, mein Mann und mein Kind. Einmal bin ich auf so einen nämlich reingefallen, da hab ich Lehrgeld bezahlt – mit mir nicht mehr.
Einmal hat einer am Telefon geweint, richtig erbärmlich geheult, er würde sich umbringen und so, das war 2.00 Uhr früh. Ja was macht man da? Einfach abhängen oder was? – wir sind ja keine Telefonseelsorge.
Die Schichten sind von 8.00 bis 16 Uhr, von 14 bis 22 Uhr und jeden zehnten Tag nachts. Natürlich sonntags oder an Feiertagen auch, da gibt es keinen Unterschied. Voll besetzt sind die Schichten nicht immer, die Zeiten in denen Hochbetrieb ist, sind morgens zwischen 10 und 12 Uhr und mittags und oft abends wieder, wenn das Telefonieren billiger ist. Eine Auskunftskraft hat 37 Auskünfte pro Stunde zu erledigen. Die An-

»Fräulein vom Amt«, Telefonauskunft bei der Bundespost
Foto: Joachim Scherzer

rufe werden zentral registriert, und so ist es ganz leicht für die Post zu sagen, wieviel Kräfte wann gebraucht werden. Aber das stimmt nur statistisch, dennoch sind unsere Dienstpläne nach diesen Statistiken aufgestellt. In den Hauptzeiten arbeiten viele Teilzeitkräfte hier, das sind dann oft bis zu 50 Prozent aller Kräfte. Ich glaube, viele sind froh, einen Teilzeitjob zu haben, wenn es auch oft Ärger gibt, weil die Zeiten nicht so liegen, wie es die Frauen gern hätten. Viele kommen ja aus der Wetterau oder aus dem Spessart, fahren hundert Kilometer jeden Tag. Wenn ich da Fahrzeit und Fahrgeld rechne, dann rentiert es sich doch kaum, wegen vier Stunden anzureisen. Bei denen die hier wohnen, ist das was anderes.

Ich hab mir auch schon gewünscht, Teilzeitkraft zu sein, nach vier Stunden in den klimatisierten Räumen hast du nämlich genug, bist richtig blöde im Kopf, die Augen tränen und brennen und du hast Bedürfnis nach Luft und natürlichem Licht.

Wenn das neue System jetzt kommt, müssen wir 60 Auskünfte pro Stunde geben. Die Post behauptet, das wäre leicht zu schaffen. Aber da gibt es dann auch einen »Serviceprozessor«, und es droht der Aufbau eines ausgeklügelten Überwachungssystems. Da kann Verhalten und Leistung jedes Beschäftigten erfaßt und kontrolliert werden. Unsere Personalrätin hat uns schon informiert, was dann alles möglich ist, was alles ausgedruckt werden kann: Anzahl der Auskünfte ab Dienstbeginn; durchschnittliche Zeit für das Erteilen einer Auskunft; Erfassung der Anwesenheit am Arbeitsplatz; sekundengenaue Kontrolle jedes Arbeitsschrittes: Zeit vom Eingang des Anrufs bis zur Abfrage; Zeit der Entgegennahme; Zeit der Eingabe in den Computer und so weiter. Wir sind dann die berühmten gläsernen Menschen, deren gesamtes Arbeitsverhalten gespeichert und verglichen wird. Es wird immer schöner; bald werden die Computer die Menschen perfekt kontrollieren, dort wo sie nicht überhaupt durch die Computer überflüssig werden.

Jetzt ist die Auskunft ja auf Rufnummern beschränkt, nicht einmal Straße oder Hausnummer dürfen wir sagen; aber man könnte die Auskunft ja erweitern, auch über ärztlichen Notdienst oder Apotheken könnten wir Auskunft geben, besser jedenfalls, als wenn wieder tausende von Frauenarbeitsplätzen wegrationalisiert werden. Solche Auskünfte werden ja ohnehin schon von uns verlangt. Und die Leute sind sauer, wenn wir sagen, wir dürfen über Adressen keine Auskünfte geben. Ihr seid nur zu faul, ihr zieht euch einen dicken Hintern, und ähnliches bekommen wir dann zu hören.

Viele wollen eine Rufnummer und wissen nur den Namen und die Stadt. Wieviele Meiers und Schmitts es in Frankfurt gibt, davon haben die keine Ahnung. Nicht mal den Vornamen wissen sie – und dann suche du mal nach Meier, mit ei, ey ai, ay, und Schmitt mit tt, dd, dt, t, d, und zuletzt stellt sich raus, der

Herr heißt Schmied. Und wenn wir so eine Nummer nicht finden, dann beschwert sich der Kunde bei der Aufsicht oder er schreibt gar an die Oberpostdirektion.
Insgesamt ist der Job sicher nicht schlechter als ein anderer. Arbeiten muß man überall, wenn es auch hier eine besonders stupide Arbeit ist und die psychische Belastung groß ist. Aber ganz entschieden würden wir uns wehren – meine Kolleginnen und ich – wenn man uns demnächst durch Computer und Bandaufnahmen kontrollieren will. Was soll aller technischer Fortschritt, wenn er Arbeitsplätze vernichtet, die Gesundheit gefährdet, den Menschen zum Anhängsel von Maschinen und Computern macht!?«

Verkabelung im Baubezirk Worms

»Hinter dem Bau-Supermarkt siehst du so ein weißes Gebäude mit gelben Fensterrahmen, da ist unser Baubezirk untergebracht«, sagte mir der Amtsgruppenvorsitzende Falz, als wir miteinander telefonierten.
Gelb ist die Farbe der Post. Man konnte den Baubezirk nicht verfehlen, Gelb war die dominierende Farbe auf dem ganzen Areal: gelb die Fensterrahmen, gelb die drei Container auf dem Grundstück, gelb die zahlreichen Dienstautos.
Ich fragte mich durch, stand unversehens in einem Raum, der eher einem Bienenstock als einem Büro glich. Zwölf Leute arbeiteten hier, telefonierten, redeten miteinander und durcheinander, blätterten in Akten, hatten Zeichnungen auf dem Schreibtisch ausgebreitet, suchten in Schubladen. »Seid doch mal ruhig, man versteht ja sein eigenes Wort nicht«, brüllte einer der Männer, der telefonierte. Gut gesagt, aber ihm gegenüber telefoniert ein anderer Kollege und hinter ihm noch einer. Der Geräuschpegel in dem Raum ist sehr hoch. Einer der Leute muß zu einem Schrank, er schlängelt sich durch enge Gänge, stößt andere an, prallt mit einem Kollegen zusammen. Der flucht. Hier ist unmöglich vernünftig zu arbeiten, denke ich. Nach einer halben Stunde wäre ich aggressiv und nach einer Stunde völlig verrückt. »Kannst du mich mal an unseren Schreibtisch lassen«, bittet ein junger Mann. Der an dem Schreibtisch sitzt, erhebt sich, macht Platz, erklärt: »Wir haben nämlich nur einen Schreibtisch gemeinsam.« »Das geht doch schon einigermaßen«, sagt ein anderer Kollege, »als wir die

Container noch nicht hinterm Haus stehen hatten, da haben sich zwei Bauführer immer einen Schreibtisch geteilt.«
Nebenan im Raum die Einsatzplätze. Der Raum ist durch Schränke geteilt. Auch hier arbeiten auf engstem Raum sieben Mann. »Und wir sind den ganzen Tag hier drinnen und gehen uns auf die Nerven«, sagt ein Kollege. »Die Bauführer fahren raus, müssen das Tohuwabohu nur zwei Stunden pro Tag aushalten.«
Auf dem Gang treffe ich dann den Amtsgruppenvorsitzenden Bernd-Uwe Falz und den Personalratsvorsitzenden Eigler. Sie stellen mich dem zufällig anwesenden Abteilungsleiter und dem Stellenvorsteher vor. Nach ein paar Begrüßungsworten kommen wir schnell zur Sache.
Im November 1983 hat der Baubezirk das neue Gebäude bezogen. Es war für normale Verhältnisse schon zu klein konzipiert, erfahre ich. »Aber dann kam die Forderung, bis Ende 1985 ganz Worms zu verkabeln und damit das Chaos. Das sind so politische Vorgaben, die im Ministerium ausgebrütet werden; aber wie das alles vor Ort durchzuführen ist, das interessiert die Herren wenig.«
Worms gehört zu dem Kabelpilotprojekt Ludwigshafen. Ursprünglich sollte es nicht in das Projekt einbezogen werden, aber da der Kreis der Abnehmer in Ludwigshafen zu gering ist und damit uninteressant für die privaten Anbieter, soll Worms bis zum Jahresende einbezogen sein und muß deshalb schnellstens verkabelt werden. Es sollen 21 Fernsehprogramme angeboten werden, davon über die Hälfte von Privaten betriebene Programme.
»Das Pilotprojekt macht uns schwer zu schaffen«, sagt auch der Abteilungsleiter. »Wir haben den langen Winter aufzuholen, haben teilweise sehr komplizierte Umschaltungen, und die Leute reichen hinten und vorne nicht. Die Belastung der Bauführer ist sehr groß.« Die Kollegen ergänzen die Aussage: »Es fehlen Räume, es fehlt Material, es fehlt Personal. Auf unseren Knochen und auf unseren Nerven wird hier eine politische Vorgabe durchgepeitscht.«
»Bei der Planung des Gebäudes ist man von zwölf Bauführern ausgegangen, jetzt sind es 30 – die stehen sich auf den Füßen, sitzen sich gegenseitig auf dem Schoß.«
»Wir haben die Container auf dem Gründstück stehen, jetzt soll ein vierter dazukommen; drei Bürocontainer und einer für Material.«

Ich frage, ob durch die Breitbandverkabelung die normale Telefonverkabelung nicht zu kurz kommt.
»Wenn wir schon aufgegraben haben, legen wir natürlich gleich auch neue Telefonkabel mit rein, in Worms selbst also haben wir da mit Telefonkabeln keine Probleme; aber im Umland wird es eng, sehr eng«, sagt der Abteilungsleiter.
Ich gehe mit Personalrat und Amtsgruppenvorsitzendem zu den Bauführern. Es sind nach 8.00 Uhr kaum noch welche im Haus. Der Amtsgruppenvorsitzende selbst ist auch Bauführer.
»Wir Bauführer haben fünf bis sieben Baustellen zu betreuen, nicht selten bis zu zehn«, sagen die Kollegen. »Drei sollten wir haben. Dazu kommt noch, daß wir ständig Beratertätigkeit machen müssen, was eigentlich unsere Aufgabe nicht ist. Wir haben auch viel mehr Vergabe an private Firmen als üblich, auch das bringt uns erhebliche Mehrarbeit.«
»Wir kommen mit der Montage nicht nach, weil Personal fehlt. Also lassen wir Gräben und Lötgruben zuschütten und drei Wochen später wieder öffnen, um die Anschlüsse zu machen. Die Leute denken, wir sind verrückt, aber wir können die Löcher nicht wochenlang offen lassen, die Unfallgefahr ist ja viel zu groß. Und Stadt und Polizei machen uns ja auch berechtigte Auflagen.«
Wir gehen weiter durchs Haus. Auch der Umkleideraum ist eine Zumutung. 42 Handwerker und 30 Bauführer sollen sich da waschen und umkleiden. In der Mitte des Raumes zwei lange Reihen Blechspinde mit dem Rücken zueinander.
»Hier stehen sich die Leute frühmorgens und nachmittags gegenseitig auf den Füßen«, sagt ein Kollege. »Die Zustände sind hier insgesamt untragbar. Da werden in Bonn am grünen Tisch politische Entscheidungen getroffen, und wir haben es auszubaden. Was hier geschieht, ist unverantwortlich. Und dabei haben wir das Schlimmste schon abgewendet«, sagt der Personalratsvorsitzende.
»Wir haben einen Videofilm gemacht von dem Durcheinander hier; und während einer Personalversammlung haben wir den Film gezeigt und Kollege Falz hat ihn kommentiert. Wir haben der Amtsleitung angedroht, den Film in der Öffentlichkeit zu zeigen, wenn sich nicht schnell etwas ändert. Das dürften wir nicht, konterte das Amt, wir hätten ohne Erlaubnis gefilmt. Dennoch haben wir erreicht, daß eine Kommission der Oberpostdirektion kam und sich das hier angesehen hat. Wir hätten

»Verkabelung«

zu viele Möbel in den Räumen stehen, sagte die Kommission. Wie sich dann rausstellte, hatten wir im ganzen Bezirk zwei Schränke zu viel – einfach lächerlich. Dann sollten wir in eine ehemalige Weinhandlung umziehen, aber das wurde nicht realisiert, weil zu teuer. So geht das ständig hin und her. Wir fühlen uns verarscht; alles wird verschleppt und rausgezogen, wenn möglich noch bis Ende des Jahres, bis die Arbeit gemacht ist, dann hat die Verwaltung viel Geld gespart, und wir sind mit den Nerven fertig. So ist das.«

Um 11.00 Uhr haben wir einen Termin an einer Baustelle. Wir fahren in ein kleines Dorf vor der Stadt. Keine Straße, wo die Gehwege nicht aufgerissen sind oder aufgerissen waren. Die Platten sind noch nicht wieder verlegt.
»Was ist denn hier passiert?« frage ich den Kollegen, der mich begleitet.
»Wir verkabeln jedes Haus bis in den Keller, bis zum Hausübergabepunkt, unabhängig davon, ob später die Leute Kabelfernsehen abnehmen oder nicht.«
»Werden denn viele von dem Angebot Kabelfernsehen Gebrauch machen?« frage ich.
»Weiß ich nicht, bisher sind's noch keine 30 Prozent.«
Schon von weitem sehen wir den gelben VW-Bus stehen und das Zelt. Ein Stück die Straße hoch steht noch ein gelber Bus. Zwei Männer arbeiten davor in strömendem Regen. Einer hält einen aufgespannten Schirm, unter dem sein Kollege kauernd und sitzend arbeitet. Es regnet den ganzen Morgen schon, es ist feuchtkaltes Wetter.
»Wenn wir heimkommen, legen wir uns sofort in eine Wanne heißes Wasser, sonst hält man das nicht aus. Trotzdem haben wir bei so einem Wetter immer Schnupfen und später sicher Rheuma«, sagt einer der Männer.
Ich gehe zurück zu dem Zelt bei dem zweiten Bus. Einer der Männer unterhält sich mit einem Mann, der mit Friesennerz und Schirm gegen den Regen geschützt, zwischen blühenden Tulpen und Narzissen auf der Gartenseite eines Jägerzaunes steht. Offenbar der Eigentümer des Hauses. Ich sehe dem Kollegen im Graben zu, wie er eine schwarze Hülse um Kabel und Verteilstück legt und dann mit dem Brenner über die Hülse fährt. Die Hülse verformt sich unter der Hitze und schrumpft sich regelrecht um Kabel und Abzweigstück.
»Durch die Schrumpftechnik ist doch vieles einfacher geworden«, sagt der junge Mann und fährt weiterhin fast streichelnd mit der Flamme über die Muffe.
»Mit den Bleimuffen war das viel aufwendiger und oft eine rechte Quälerei in so einem Loch. Wir arbeiten ja oft sechs Stunden in Wasser und Schlamm.«
Der Kollege, der die Unterhaltung geführt hat, kommt zurück. Offenbar ist das Schwätzchen im Regen beendet; der Kunde in der gelben Gummijacke ist zurück ins Haus.
»Die fragen einem Löcher in den Bauch, die Leute – und halten uns von der Arbeit ab. Die wollen alles über die Vorteile der

Breitbandverkabelung wissen –, und gibts da überhaupt Vorteile, und was kostet das, und wer macht die Installation im Hause, und kostet das nochmal extra, und die monatliche Gebühr und so weiter. Und wir müssen Auskunft geben, können die Kunden ja nicht stehen lassen und sagen, das ist nicht unser Bier, sie zu beraten.«

Kurze Zeit später sitzen die zwei jungen Männer im Bus am Straßenrand und muffeln ihr Brot, dazu Tee aus einer Flasche.

»Was habt ihr hier vor Ort für Probleme?« frage ich.

»Probleme? Jede Menge! Am Anfang war's ganz schlecht; wir hatten keine Ausbildung in der neuen Technik, mußten uns alles selbst erarbeiten, anlesen, selbst dahinterkommen, aus Fehlern lernen. Unseren Bauführern ging's nicht besser. Ich glaube, die sind noch beschissener dran; – frag mal einen. Unser Hauptproblem ist die Vielfalt der Bauteile und die vielen Firmen, die im BK-Geschäft mitmischen. Es sind etwa zehn Firmen, die uns mit Material versorgen, und jede Firma hat ihren eigenen Kram, bei jeder brauchst du eigenes Werkzeug speziell der Firma, jede hat andere Schlüsselweiten, jede andere Kabelverschraubungen. Nichts ist sinnvoll genormt. Damit haben wir ständig Ärger. Und natürlich der Druck: schnell, schnell! Bin ich Jesus oder Baubo, die Hexe? habe ich meinen Chef gefragt. Zaubern können wir nicht und auch Wunder dauern bei uns etwas länger.«

Später klagt mir ein Bauführer sein Leid.

»Die Leute wollen alles über BK wissen von mir. Ich mache voll Beratertätigkeit bei denen, was eigentlich meine Aufgabe nicht ist. Ich muß rein in die Häuser, fragen, wo wir aufgraben dürfen, wo wir den Übergabepunkt setzen sollen; das ist meine Aufgabe, in Ordnung. Aber es läuft immer darauf hinaus, daß ich den Leuten die Genehmigung abringen muß. Wie ein Vertreter komme ich mir vor, der sauren Wein verkaufen soll. Dabei ist unsere Bemessung ohnehin viel zu gering. Die Tiefbaufirmen sind auch überfordert, die Schachtmeister haben selten die notwendige Ausbildung. Da werden wir dann natürlich gefragt, müssen überall dabei sein, und das bei 100 Prozent mehr Vergabe an Fremdfirmen als voriges Jahr zum Beispiel. Verrückt wirst du da, verrückt!«

Nach und nach füllt sich das Zimmer in dem wir sitzen; es ist kurz vor Feierabend. Ein Bauführer, zuständig für Messungen, erzählt: »Die Zeit, die fürs Einmessen vorgesehen ist, reicht nicht, ich muß mindestens das Fünffache aufwenden.«

»Und da haben wir noch Glück mit diesem Kollegen«, sagt sein Chef, »der ist nämlich Amateurfunker und weiß viel über dieses Spezialgebiet und kennt sich da aus.«
Der Amateurfunker winkt ab: »Laß mal, eine Geheimwissenschaft ist das nicht, wenn wir nur mehr Zeit hätten und Meßgeräte. Wir haben ja nicht einmal einen Meßempfänger für die Endpunkte; gute Funkgeräte haben wir auch nicht.«
»Wir helfen uns hier gegenseitig aus, mit Geräten, mit Material, mit allem – Loch auf, Loch zu; keine Zeit, nicht mal einen vernünftigen Arbeitsplatz, keinen Schreibtisch, keine Ablage für die Zeichnungen. Hetze von früh bis spät – und warum? Weil Worms und Umgebung bis Ende 1985 mit Breitbandkabel ausgelegt sein muß, damit das Kabelpilotprojekt nicht ein Flop wird.«

Mitten in der Nacht
Arbeitsalltag einer Briefsortiererin

Um 4 Uhr schellt mein Wecker. Mitten in der Nacht. Vor den Fenstern ist es stockdunkel, noch nirgends ein erleuchtetes Fenster. Am liebsten würde ich sofort wieder ins warme Bett kriechen. Ich denke an Hilde H., mit der ich an ihrem Arbeitsplatz verabredet bin. Sie arbeitet schon seit einer halben Stunde. Jeden Tag um 3.45 Uhr Dienstbeginn, an fünf Tagen in der Woche. Ich könnte das nicht, umso mehr Respekt habe ich vor Frauen, die das seit Jahren machen.
Hilde H. Um kurz nach 2.00 Uhr rasselt ihr Wecker. Eine Tasse heißen Kaffee, den sie abends schon gekocht hat, aus der Thermoskanne und ein Stückchen Brot. »Ich muß morgens eine Tasse Kaffee haben, sonst werde ich gar nicht wach. Und ein Stück Brot brauche ich, weil ich Magenweh bekomme, wenn ich den Kaffee trinke ohne etwas zu essen.« Punkt 3.00 Uhr muß sie unten vor der Haustür des großen Wohnblocks stehen, dann kommt der Fahrer des Postamtes und holt sie zum Dienst ab. »Der wartet nicht, muß ja noch andere abholen, im ganzen Stadtgebiet kurven wir rum, bis alle eingesammelt sind. Es fahren ja um diese Zeit noch keine öffentlichen Verkehrsmittel und wir Frauen können schließlich bei Nacht und Nebel nicht quer durch die Stadt laufen. Aber jetzt wollen sie diese Fahrten ja auch noch einstellen; – sparen, sparen, sparen.«

Heim- und Abholfahrten

Die Heimfahrten nach Spät- und Nachtdienst und Abholfahrten zum Frühdienst für die weiblichen Beschäftigten sollen aus Kostengründen eingestellt werden. Die Verwaltung rechtfertigt diese Absicht sinngemäß mit dem Hinweis: Es sei schon lange nichts passiert.

Nach einer Verfügung des Ministeriums können Amtsvorsteher für weibliche Beschäftigte Heimfahrten nach Spätdiensten und Abholfahrten zum Frühdienst einrichten, wenn der Spätdienst nach 22 Uhr endet und der Frühdienst um 5 Uhr und früher beginnt.

Ein Postamt in Frankfurt beabsichtigt, die Abholfahrten für das weibliche Personal einzustellen. Der Bezirkspersonalrat der Oberpostdirektion Frankfurt hat mit einem Initiativantrag vom 8. September 1982 erreicht, daß der ehemalige Staatssekretär Elias am 15. September 1982 entschied, daß die Abholfahrten beibehalten werden. Zum 2. März 1983 sollte erneut geprüft werden.

Die Prüfung durch das Amt und die Oberpostdirektion ergab, daß der Wegfall nunmehr verfügt werden könne. Hiergegen legte der örtliche Personalrat und der Bezirkspersonalrat Widerspruch ein.

Die Stadt ist wie ausgestorben, nur in Sachsenhausen torkeln ein paar betrunkene Gestalten über die Straße. Sonst ist niemand unterwegs. Und selbst für den Wechsel von Nacht- und Frühschicht in Krankenhäusern und Industriebetrieben ist es noch zu früh.

Dienstbeginn für die Briefsortiererinnen ist um 3.45 Uhr. Als ich Hilde H. an ihrem Arbeitsplatz treffe, ist es kurz vor 5.00 Uhr. Ich bin noch gar nicht richtig bei mir, die Augen sind noch zugequollen, die Hirnzellen noch verklebt. Hilde H. greift sich immer wieder ein Päckchen Briefe und Karten aus einer Wanne, liest die Anschriften und sortiert die Post in viele Fächer vor sich. Rechts und links sitzen weitere Kolleginnen von Hilde, insgesamt sieben Frauen. Die Frauen sind sehr flink. Ist eine Wanne leer, wird ein weiterer bis an den Rand gefüllter Briefbehälter neben die Frauen gestellt. Und weiter geht's:

Griff in die Wanne – drehen der Briefe und Karten, bis die Anschrift zu lesen ist – dann mit der rechten Hand die Briefe in die verschiedenen Fächer legen. Wenn die Briefträger um 8.00 Uhr auf ihren Zustellgang gehen, müssen alle Sendungen verteilt sein.

»Wenn man nachts um 2.00 Uhr aus den Federn muß, ist natürlich auch der Abend verhunzt. Mein Mann kommt um 18.00 Uhr heim, dann wird gegessen, abgespült, aufgeräumt, schnell ist es 20.00 Uhr, dann haue ich ab ins Bett. Nebenan muß die Musik der Kinder oder das Fernsehen ganz leise eingestellt werden, sonst macht man um diese Zeit kein Auge zu. Kino oder Vereinsleben kann man sowieso vergessen. Am schlimmsten ist es im Sommer. Da ist es um diese Zeit erst schön draußen, auf der Straße ist es lebhaft, und auf den Balkonen unterhalten sich die Leute oder es wird Musik gemacht. Da schlafe ich nur mit Tabletten ein.«

Hilde H. muß während einer Stunde 1600 Sendungen sortieren; man muß flink und geschickt sein, um das zu bewältigen.

Sie ist eine der vielen Teilzeitkräfte bei der Post. Sie arbeitet von Montag bis Sonnabend; Wochenleistungsmaß ist 24 Stunden.

»Ich würde gern voll arbeiten, 40 Stunden, beziehungsweise 38,5 Stunden, aber daran ist nicht zu denken, im Gegenteil, Kürzungen der Wochenarbeitszeit sind bei uns an der Tagesordnung. Nicht daß ich scharf wäre, mehr und länger zu arbeiten, aber wir brauchen das Geld. Drei Kinder haben wir, und mein Mann verdient nicht gerade viel.«

Ich rede auch mit den Kolleginnen von Hilde. Alle haben Angst, daß sie im nächsten Jahr ihren Arbeitsplatz verlieren werden, weil eine Briefverteilanlage installiert werden soll. Auf einer Betriebsversammlung haben sie erfahren, daß dann ihre Arbeitsplätze wegfallen sollen. Bundesweit werden durch solche Anlagen 4000 Vollarbeitsplätze wegrationalisiert, das bedeutet fast das Doppelte an Teilzeitkräften.

»Eigentlich ist es ja gut, wenn solch geistlose Arbeit von Maschinen gemacht wird, und um 2.00 Uhr nachts steht auch niemand von uns gerne auf. Aber ich brauche das Geld«, sagt eine Kollegin. »Mein Mann ist seit über einem Jahr arbeitslos, und mit 50 Jahren hat er auch keine guten Aussichten auf einen neuen Arbeitsplatz.«

Um 6.00 Uhr kommen die ersten Briefträger. Man grüßt sich, scherzt, versucht ein Witzchen. Schwer, zu so früher Stunde über einen Witz zu lachen. Die Briefträger leeren die Fächer mit der Post, die in ihrem Zustellbezirk liegen. Die Briefträger wissen genau, wer »ihren Bereich« bearbeitet hat, wer den »Irrläufer« unter ihre Sendungen sortiert hat.

»Hör mir ja auf mit den drei K: Küche, Kinder, Kirche!« faucht Hilde H. mich an. Da versteht sie offenbar keinen Spaß. »Geißler und Blüm, wenn ich die schon sehe, die haben mir gerade noch gefehlt, diese Dummschwätzer. Wir Frauen waren im Krieg gut und nach dem Krieg zum Enttrümmern – aber jetzt wieder ab in die Küche. Als Reserve bei Arbeitskräftemangel sollen wir ständig verfügbar sein, gibt es aber Arbeitslose, sind wir die ›Doppelverdiener‹. Aber so blöde sind wir nicht mehr, daß die uns manipulieren können, wie es ihnen gerade paßt.«

Gegen 7.00 Uhr kommt noch einmal ein Schwung Postsendungen. Im Hof sind einige Lastwagen vorgefahren, die entladen werden. Noch einmal die flinken Arm- und Handbewegungen, noch einmal 1000 Briefe. Dann wird Hilde H. abgerufen, es klemmt bei der Sortierung für Postfachinhaber. Dort stehen mehrere Behälter mit Briefen, Zeitungen, Päckchen; die müssen in die Postfächer. Um 8.00 Uhr kommen die Kunden, wollen ihre Post abholen.

»Normalerweise esse ich um diese Zeit ein Brötchen, aber manchmal kommt man nicht einmal dazu«, sagt Hilde. »E plus 1 soll die Laufzeit der Post sein, das heißt ›Einlieferungstag plus 1 Tag‹, und klappt sogar meistens, aber was wir dafür schuften müssen, das macht sich kaum jemand klar. Die Kunden sehen den Briefträger, sehen vielleicht auch einmal wie die Briefkästen an der Straße geleert werden, aber was sich sonst in den Zügen und Postämtern abspielt, wie da gearbeitet wird, das weiß niemand.«

Um 8.00 Uhr ist Feierabend für Hilde H. Ich nehme sie in meinem Auto mit, fahre sie nach Hause, es liegt ohnehin auf meinem Weg.

»Sonst fahre ich mit der Straßenbahn, die mehr als ein Zehntel meines Gehaltes kostet. Und wenn ich meine S-Bahn verpasse, dann kommt der Kleine nicht in den Kindergarten. Den bringe ich gleich weg, wenn ich heimkomme. Die beiden Großen sind meist schon ab in die Schule. Denen richte ich abends alles. Manchmal lege ich mich gegen 10.00 Uhr mal eine Stunde hin, aber dann kommen die Großen schon wieder von der Schule, und Essen kochen muß ich, und die Betten machen, und dann wollen die Kinder, daß ich bei den Schulaufgaben helfe. Ich weiß nicht, wie lange ich das noch durchhalte. Manchmal denke ich: Wenn die Briefverteilmaschine kommt, auch gut, sollen sie mich entlassen. Lange halte ich das nicht mehr durch!«

Klaus Pokatzky

Die Ausrottung der Bleiläuse

Als Günter Lehmann siebzehn war, ist er zum Deutschen Turnfest nach München gefahren. Im Fünfkampf errang er einige Erfolge, die sogar die Lokalzeitung lobend erwähnte. Zurück in Frankfurt, hielt er die Reise nach München in einem eigenen Buch fest. Photos von »deutschen und schwedischen Sportmädels«, Ansichtskarten vom Karlsplatz und Rathaus, eine Eintrittskarte für den Tierpark Hellabrunn, die Wochennetzkarte für die Straßenbahn und dazwischen Texte über die Zugfahrt, das Schlafen in Turnhallen, Kneipenbesuche und Siegerehrungen. Selbst verfaßt und selbst gesetzt, Zeile für Zeile, Buchstabe für Buchstabe in feinsten Buchdrucklettern, gedruckt auf schönem starken Papier. Nur das Binden übernahm die Mutter, eine gelernte Buchbinderin.
Das hat ihn fasziniert: spielerisch etwas entwerfen und dann akkurat ausführen, die Mischung aus bunter Kreativität und sauberster Ordnung. Deshalb ist Günter Lehmann Schriftsetzer geworden.

Heute, mit 44 Jahren, sitzt er vor einem Gerät, das oben aussieht wie ein Fernsehapparat und unten wie eine elektrische Schreibmaschine: »IBM Bildschirmsystem 3278«. Der erste Druck gilt der Taste »dat freig«, Datenfreigabe. Das läßt den Bildschirm unverzüglich aufleuchten, grüne Schrift auf schwarzem Hintergrund: »Das Redaktions-Online-System begrüßt Sie«.
Und damit Günter Lehmann und seine Chefs stets wissen, wie viele Stunden, Minuten und Sekunden der gelernte Schrift- und umgelernte Photosetzer am elektronischen Kollegen gesessen hat, tut der Bildschirm die exakte Uhrzeit kund: 18:42:51. Das

Redaktions-Online-System begrüßt den Günther Lehmann nicht nur, es »verabschiedet sich« nach getaner Arbeit, auch »von Ihnen«, maschinelle Zuwendung darf schon sein. Zu Anfang hat sich Günter Lehmann hin und wieder einen kleinen Gag erlaubt und dem Computer einen speziellen Adegruß eingegeben: »Lieber Herr Lehmann, das System verabschiedet sich von Ihnen und dankt für Ihre Arbeit. Ihr F. Nabholz.«
Franz Nabholz ist einer der drei Geschäftsführer des »Druck- und Verlagshauses Frankfurt am Main GmbH«, des Verlages der ›*Frankfurter Rundschau*‹. Und Günter Lehmann, verheiratet und eine erwachsene Tochter, »tut bei de Rundschau scho fast e Vierteljaahunnert schaffe«. Begonnen hat er dort, als die Setzer noch zu den bestbezahlten Facharbeitern gehörten, mit handwerklichem, ja fast künstlerischem Renommee.
»Die Druckkunst macht die Werke der bildenden Kunst allen Menschen zugänglich«, schrieb der 15jährige Günter Lehmann in sein Berichtsheft für das erste Lehrjahr, in schönen, kleinen Schriftzügen, damit alles hübsch übersichtlich blieb, eben ein richtiges Layout: »Die ersten Drucker waren gelehrte Leute, und bis auf den heutigen Tag werden an den Nachwuchs des graphischen Gewerbes hohe geistige Anforderungen gestellt.«
Als Günter Lehmann sich vor vier Jahren zum Photosetzer umschulen ließ, wurde ihm erst ein Schreibmaschinenkurs abgefordert, dann mußte er drei Wochen lang täglich dreieinhalb Stunden am Vormittag die Techniken und Grundbegriffe von »IBM Bildschirmsystem 3278« lernen. Zum System gehören, neben dem Schreibmaschinenfernseher, der Elektronenrechner, der alles speichert, was Günther Lehmann und seine Kollegen eintippen, und die Belichtungseinheit einen Stock tiefer. Dort werden die gerade gewünschten Texte aus dem Computer abgerufen und auf haltbaren Papierstreifen in jeder gewünschten Form ausgeworfen: ein-, zwei-, drei-, vierspaltig. In der Abteilung »Photosatz-Montage«, wo »Tod dem Photosatz«-Plakate an der Wand hängen, brauchen die gelernten Setzer und umgelernten Montierer das nun nur noch zur Seite zusammenzukleben. »Nur so'n paar Flatschen, dann ist die Seite zu«, sagt Günter Lehmann, »und so sieht's auch aus.«
Tatsächlich hat die ›*Frankfurter Rundschau*‹ ihr Gesicht geändert, seit sie auf Photosatz umgestellt wurde. Luftigere Schrifttypen prägen nun das Bild des Blattes, die Linien zwischen den Spalten sind weggefallen – leichter sieht sie nun aus.

Günter Lehmann ist »Realist, Romantiker bin ich nicht«, darum hat er gleich seine Konsequenzen gezogen, wenn's auch geschmerzt hat. »Der Photosatz kommt sowieso, und wenn du der erste bist, bist du mal drin im Metier.« Zu verhindern war der Zug der Zeit nicht, aber die sozialen Folgen für die letzte Generation der Setzer abmildern konnte der im Rundschau-Verlag traditionell starke Betriebsrat schon: Niemand darf entlassen werden. Aber wie lange die Techniker noch verhindern können, daß Satz-Bildschirme in die Redaktionsräume gestellt und dort von den Journalisten oder Sekretärinnen bedient werden, steht in den Sternen.

Theoretisch könnte man mit dem System heute schon viel mehr machen, als es die ›*Rundschau*‹ wagt. Die Artikel brauchten gar nicht mehr zu einer Seite zusammengeklebt zu werden, den Umbruch könnte auch ein Redakteur vollelektronisch auf einem größeren Bildschirm erledigen – bei anderen Blättern geschieht dies auch. So sitzen Günter Lehmann und seine 75 Kollegen in der Abteilung »Texterfassung und -gestaltung« sowie die 45 in der »Photosatz-Montage« wie museale Relikte aus bleiernen Zeiten, auf deren Aussterben gewartet wird, in ihren sauberen, hellen teppichbelegten Großräumen. Früher klebte das Blei und der Dreck an ihren Händen und unter den Fingernägeln, trotz Bimsstein und Scheuerseife »hast du immer dreckige Finger gehabt, immer«.

Allerdings hat man auch mehr zusammen geschwätzt, getrunken, geraucht, Witze sind hin- und her geflogen, und manchmal hat man noch »bis morgens um drei in der Kneipe gehockt«. Auch heute stößt Günter Lehmann mal mit den Kollegen an, »dann geht jeder wieder an seinen Bildschirm und sitzt da für sich allein«.

Mit 20 Jahren kam er zur ›*Rundschau*‹. Er mußte sich entscheiden, ob er als Metteur in den Umbruch gehen oder eine zusätzliche Schulung zum Maschinensetzer absolvieren wollte. Die Maschinensetzer bekamen eine zwanzigprozentige Lohnzulage. Aber bei ihnen war es nicht so lustig und gesellig wie bei den Metteuren, die Arbeit nicht so kreativ und es war vor allem schrecklich laut. Sie saßen an einem klappernden, klirrenden Ungetüm namens »Linotype«, das vor hundert Jahren der deutsche Auswanderer Ottmar Mergenthaler in Amerika erfunden hatte. Damit wurden die einzelnen Zeilen erst gesetzt und dann aus flüssigem Blei gegossen. Bleidämpfe waberten durch die Maschinensetzerei, man konnte kaum sein eigenes Wort verste-

hen, wenn an den Maschinen unentwegt neue Zeilen herunterfielen und sich auf den Schiffen zu Absätzen und ganzen Artikeln reihten.
Fast alle Photosatz-Kollegen von Günter Lehmann sind ehemalige Maschinensetzer, sie finden ihren heutigen Job weitaus ruhiger, sauberer und angenehmer. Die einstigen Metteure hingegen sitzen heute in der Montage und kleben. Günter Lehmann ist an seiner »IBM 3278« die Ausnahme des Ex-Metteurs. Früher hat er bei der ›*Rundschau*‹ Anzeigensatz gemacht, die Kunden beraten, welche Schrifttypen und Schriftgrößen sie wählen sollten, wo sie Platz lassen müßten und wie das ganze am schönsten aussieht. »Das war jedesmal wieder eine neue kleine Herausforderung«, und viele der von ihm entworfenen und selbst gebauten Anzeigen hat er heute noch, sauber und ordentlich aufgeklebt, in Aktenordnern. Daß er sich nach seiner Pensionierung einmal ein billiges kleines Satzgerät kauft und die Einladungskarten für seine Gartenfeste selber setzt, kann er sich aber nicht vorstellen. Solche Nostalgie ist nicht angesagt: »Lieber würd' ich mir hundert Mark zusammenkratzen und in so 'ner kleinen Klitsche was drucken lassen.« Aber Buchstaben, Matrizen, Matern, die alten Handwerkszeuge auch, mit denen er früher die Anzeigen zusammengesetzt hat, hat er aufgehoben, seinen Enkeln wird er schon noch demonstrieren können, was einmal ein Schriftsetzer war und womit der tagtäglich gearbeitet hat.
Als er noch mit Ahle, Winkelhaken und Setzschiff handwerkte, ist er »wirklich gern« zur Arbeit gegangen. Nicht, daß er »arbeitsgeil« gewesen wäre, das möchte er doch betonen, aber »es hat eben Spaß gemacht«. Heute läßt ihn das kalt. »Da weiß ich genau, was mich erwartet, da ist die Arbeit ein Muß, um Geld zu verdienen.« Eine richtige Krise aber hat er nie gehabt nach dem Abschied vom Blei. Wie gesagt, »ich bin Realist, Romantiker bin ich nicht«.
Günter Lehmann vermißt heute am meisten die Kommunikation mit den Kollegen, auch mit den Redakteuren über aktuelle Tagesereignisse. Der Gedankenaustausch oder mal ein Witz oder so, »das gehört doch alles dazu, hat alles aufgelockert und erst die Arbeit so richtig angenehm gemacht – und das ist heute alles im Eimer«.
»Kennst du das alles noch?« fragt er auf dem Weg in die Mettage. Es sind die letzten Wochen der Blei-Zeit bei der ›*Rundschau*‹. An den hohen metallbeschlagenen Tischen stehen in

ihren grauen Kitteln die Metteure, auf der anderen Seite die Redakteure. Dazwischen die Seiten, die gerade umgebrochen werden. Wenn ein Redakteur ein ganzes Schiff mit einem Artikel heranschleppt, machen sich die Mühen des Recherchierens, Telephonierens, Diskutierens, Lesens und Schreibens im Gewicht bemerkbar. Der Metteur ordnet mit geschickten Fingern die langen Bleireihen zu ein-, zwei-, drei-, und vierspaltigen Artikeln, dazwischen Linien, mit eigener Hand werden die Überschriften gesetzt: ein kleines Kunstwerk in Spiegelschrift. Hier müssen noch drei Zeilen gekürzt werden, da läuft der Absatz nicht richtig, ein »Hurenkind« muß weggemacht werden, dort wird etwas Luft gemacht, weil ein Artikel nicht lang genug ist. Ahle und Pinzette des Metteurs stochern in der Bleilandschaft herum, der Stift des Redakteurs huscht über den Fahnenabzug. Einen gab es, der konnte am Umbruchtisch aus dem Stand dazuschreiben – zwei oder zwanzig Zeilen, bitte sehr. Ein Graukittel läuft zum Kühlschrank, eine Runde gefällig, weil ein Redakteur die Anschläge für die Überschrift falsch ausgerechnet oder anderen Mist gemacht hat. Gelacht wird viel, und wenig gestritten, die Redakteure haben Respekt vor ihrem Metteur.

In Zukunft werden Befehle über den Bildschirm erteilt, dann erkennt man sich vielleicht gar nicht mehr in der Kneipe unten im Haus, weil die Kommunikation über das System läuft. »Der Partner ist jetzt die Maschine«, sagt Günter Lehmann, »der Spaß ist raus, der Witz ist weg.«

Früher konnte jeder Volontär durch die Mettage stromern und sich mal schnell einen Abzug von einem bereits gesetzten Artikel machen lassen, der ihn interessierte. Demnächst erfahren die Redakteure aus dem System nur noch mit einer Zugangsberechtigung etwas, müssen sie sich mit ihrem Namen oder einem Codewort gegenüber dem Computer legitimieren – »damit die Wirtschaftsredakteure nicht im Sportressort herumpfuschen«. Abschottung der einzelnen Ressorts voneinander, nicht »Wissen ist Macht«, sondern »Zugangsberechtigung ist Macht«.

»Es gibt natürlich auch viele Redakteure«, sagt Günter Lehmann, »die so was anstreben.«

Den einstigen Volontär fragt er: »Kennst du noch die Bleiläuse?« Es war ein grauer Wintermorgen vor fast zehn Jahren. Man möge doch morgen mal um acht zur Arbeit erscheinen, forderten die Kollegen aus der Technik, nicht erst um zehn, wenn die faulen Herren Redakteure verschlafen zum Dienst

anzutreten beliebten – dann könne man sie sehen, die Bleiläuse. Die ganze Frühschicht wartete. Mit langen Bleistücken war ein großes Viereck auf den Tisch gebaut, in das sie Wasser gefüllt hatten: »Ei, siehst se nett, die Bleiläuse, ei is der dann blind, ei, nu guck doch mal rischtisch rei, geh doch mit dem Gesicht mal rischtisch ran, so siehste se doch nie, gleisch sinn se wieder wesch.« Der Volontär rückt verschüchtert das Gesicht näher und, platsch, hat ihm einer den Kopf in das Wasser gedrückt. Das war die Taufe, nun gehörte der Volontär dazu und durfte auch mal die Überschriften falsch ausrechnen, ohne gleich eine Runde spendieren zu müssen.
Das Blei von Günter Lehmann wird jetzt wohl verschrottet, auch die kleinsten Druckbetriebe steigen langsam auf den Photosatz um. Statt Setzer wird man »Druckformen-Hersteller«. Die Bleiläuse sind ausgerottet.

Horst Scharnagl

Eisenbahner: Vom Regen in die Traufe

Donnerstag, 6. März. Aktionstag des DGB gegen die geplante Änderung des § 116 Arbeitsförderungsgesetz. Treffpunkt 13 Uhr am Gießener Bahnhof. Anschließend Marsch durch die Innenstadt zum DGB-Haus. Auf dem Weg zum Bahnhof treffe ich den Kollegen Schwab. Er ist Mitglied unseres örtlichen Personalrats, dessen erster Vorsitzender er war, bis dieser bei der letzten Wahl an einen Vertreter des Beamtenbundes ging. Er kommt gerade aus der Nachtschicht. Ich habe dienstfrei. Bis zum Ende der Veranstaltung werden wir die beiden einzigen Lokführer bleiben, die in Gießen teilnehmen. Es regnet. Mal stärker, mal schwächer, wie es in den letzten Tagen ständig geregnet hat. An der Bahnhofsecke treffen wir den Kollegen Bär, zweiter Vorsitzender und Arbeitervertreter im örtlichen Personalrat. An diesem Vormittag, so erzählt er, hat er wieder fünf bevorstehende Versetzungen von Kollegen aus der Werkstatt in den Großraum Frankfurt auf den Tisch bekommen. Weil in Gießen angeblich zuviel Personal ist, das in Frankfurt fehlt. Angeblich. Entsprechend ist sein Gesicht. Horst Dörr, Ortssekretär der Gewerkschaft der Eisenbahner, kommt hinzu. Eben hat er ein langes Gespräch mit dem Dienststellenleiter gehabt. Weil der jedem mit Maßnahmen gedroht habe, der sich an dieser Aktion beteilige. Von Solidarität des »Kollegen Dienststellenleiter«, der ja auch Mitglied des GdED ist, keine Spur. Obwohl sich die Personalsituation in Gießen, wie anderswo mittlerweile dramatisch zuspitzt. Am prekärsten, so Horst Dörr, schaut es im Lokfahrdienst aus. Urlaub wird teilweise gestrichen, Bildungsurlaub für Gewerkschaftliche Bildungsveranstaltungen wird ganz gestrichen, weil das Personal »nicht abkömmlich sei«, Ruhetage werden nur noch dann gewährt, wenn sie laut Dienstdauervorschrift unumgänglich sind, egal, wie viele Mehrleistungsstunden der Kollege stehen hat. Derzeit, so Kollege Schwab, sind in Gießen 22 Lokführer zu wenig, steigt dementsprechend das Mehrleistungsaufkommen um durchschnittlich 1000 Stunden pro Monat, so daß die 339 Lokführer allein dieses Bahnbetriebswerkes ca. 18000 Stunden Mehrleistung erarbeitet haben. Die Tendenz ist weiterhin steigend. Er sei der Meinung, so Horst Dörr, daß bei dieser Politik gegen Sicherheitsvorschriften verstoßen wird, was Dienstschichtdauer, Freizeitausgleich und Schichtübergang betrifft. Im Rangierbahnhof ein ähnliches Bild. Jahrelang hatte man »überzähliges« Personal nach Frankfurt versetzt, inzwischen ist die Personaldecke so dünn, daß Rangiergruppen bei Krankheit eben mit weniger Leuten arbeiten müssen, auch hier der Urlaub verschoben werden muß, auch hier die »Überzeit«, wie Mehrleistung genannt wird, nicht »abgefeiert« (Freizeitausgleich) werden kann. Man redet von Kollegen, die noch zwei Drittel ihres alten Jahresurlaubs zu bekommen haben und von anderen, die so viel Mehrleistungsstunden haben, daß sie zwei Monate und mehr ohne einen einzigen Urlaubstag zu Hause bleiben könnten, wenn ihnen der Freizeitausgleich gewährt würde.

Und man redet von den jungen Leuten, den Ausgelernten, die von der Bahn nicht übernommen werden. Die fachlich durchweg gut ausgebildeten Maschinenschlosser, Starkstromelektriker, Anlagenelektroniker läßt man, wenn sie denn unbedingt bei der Bahn bleiben wollen, die Wagen reinigen oder bei der Güterabfertigung Hilfsarbeitertätigkeiten verrichten. Nachdem die Beamtenlaufbahn jahrelang verschlossen war, sind Anwärter für bestimmte Laufbahnen wieder zugelassen. Ich frage den Kollegen Pohl, ob für ihn die Lokführerlaufbahn nach Beendigung seiner Maschinenschlosserlehre eine Perspektive sei.

Und der engagierte Jugendvertreter, dessen Arbeitsplatz nach der Ausbildung bei der Bahn gesichert wäre, antwortet mit einem klaren Nein. Seit die Bezüge der Lokführeranwärter für die Zeit der Ausbildung von etwa 1500 DM (brutto) auf eine »Ausbildungsunterstützung« von 900 DM (brutto) gekürzt wurden, reicht das nicht zum Leben und nicht zum Sterben. Zudem hat sich herumgesprochen, daß der Lokführerberuf längst kein Traumberuf mehr ist. Die Bezahlung ist miserabel – ein Lokführer kommt nach 30 bis 35 Dienstjahren gerade im Endamt auf die Gehaltsstufe A9 mit Zulage – der Wechseldienst macht die Gesundheit kaputt, ein geordnetes Familien- und Privatleben ist schier unmöglich. Würde den Lokführeranwärtern der alte Lohn gezahlt, so der Jugendvertreter, würde er sich das überlegen. Aber nicht zu diesen Bedingungen. Früher bekam ein gelernter Handwerker während der Ausbildung bis zur Übernahme in das Beamtenverhältnis sein Gehalt nach dem Lohntarifvertrag, heute erhält er eine Unterstützung, die etwa dem Bafög-Höchstsatz entspricht.
Allmählich gesellen sich bekannte Gesichter zu uns. Aus dem Lokschuppen, aus der Lehrwerkstatt, vom Busdienst. Sogar Kollegen aus der Verwaltung gehen mit. Am Ende werden es etwa 250 von 1000 Eisenbahnern sein, die heute hier auf die Straße gehen. Nicht die Drohung, ihre Namen auf Schwarze Listen zu setzen, oder diesen Nachmittag vom Lohn abzuziehen und schon gar nicht das Wetter, halten sie zurück.
Am Postamt 1 stoßen die Postler zu uns. Fremde Gesichter. Obwohl Eisenbahner und Postler viel gemeinsam haben, was die Arbeitsbedingungen betrifft. Früher war das mal anders. Vor 15 Jahren gab es nur die Eisenbahnerkantine, und die Postler hatten dort ihre festen Plätze.
Heute haben sie ihre eigene Kantine und mit unserer nicht mehr viel zu tun. Das Essen soll dort besser sein und auch billiger. Gemeinsam mit den Schichtdienstlern bei der Post teilen wir den Zustand, daß beide Kantinen nachts geschlossen sind. Vor Jahren hat die Fachgruppe der Lokführer in der GdED einmal gefordert, in Knotenbahnhöfen die Kantinen nachts gemeinsam von Bahn und Post bewirtschaften zu lassen, damit allen Nachtarbeitern die Gelegenheit für eine warme Mahlzeit gegeben wird. Dieser Antrag ist zur Bearbeitung angenommen worden und wird wohl heute noch bearbeitet. Für derartigen Sozialklimbim sind die Zeiten schlecht. Weil auch das Bundesbahnsozialwerk kosten- und personalmäßig abspecken muß,

sind die Öffnungszeiten den Bürozeiten angepaßt und den Schichtdienstlern bleibt nur die »Vierkantbar«, ein Automatenraum, in dem Zigaretten, Kaffee und Cola gezogen werden können.

Richtlinien für die teilweise drakonischen Sparmaßnahmen sind das sogenannte »Konzept DB 90« und Etatkürzungen des Bundes, welche der Bahn von Regierungsseite die Auflage machen, bis zum Jahr 1990 kostendeckend zu arbeiten und keine Neuverschuldung aufnehmen zu müssen. Dies erscheint den Bahnplanern aber nur dann realisierbar, wenn sie den Personalbestand durch Abbau der durch die Zurruhesetzung frei werdenden Dienstposten auf 230000 Beschäftigte und gleichzeitig das Streckennetz auf 15000 Kilometer Schiene (inkl. Neubaustrecken) reduzieren. Neben weitgehender Rationalisierung des Arbeitsablaufes sollen deshalb sämtliche Bereiche der DB teilprivatisiert, also in Tochtergesellschaften umgewandelt werden, die nicht zum direkten Betrieb des Schienenverkehrs notwendig sind. Davon betroffen ist der Wagenreinigungsdienst, die Streckeninstandhaltung und künftig auch die Lokwartung. Der Waggonbau wurde bereits vor Jahren in private Hand gegeben.
Auf diese Weise reduziert sich die Gesamtzahl der Eisenbahner Jahr für Jahr um 10000 bis 12000 Personen, werden Jahr für Jahr etwa 2000 vollwertige Arbeitsplätze vernichtet, deren Arbeit durch Mehrleistungen erbracht werden muß.
Die Eisenbahner haben diesen 6. März unter das Motto gestellt: ›Keine Privatisierung! Streikrecht muß bleiben!‹ Wie eng beides miteinander verbunden ist und wie sehr dieses einzige Kampfmittel der Arbeiterschaft bereits gefährdet ist, wird an keinem anderen Beispiel deutlicher, als an dem Kampf gegen die bevorstehende Teilprivatisierung des Wagenreinigungsdienstes. Das Bahnbetriebswerk 4 in Frankfurt-Griesheim ist ein Schmelztiegel. Von den etwa 1000 Beschäftigten sind über 300 Ausländer. Mehr als zehn Nationalitäten sind hier vertreten. Ganze Wagenreinigungstrupps werden ausschließlich mit Ausländern besetzt. Aus 150 Kilometer und weiter entfernten Wohnorten kommen die Leute hierher zur Arbeit. Manche bleiben die ganze Woche über in einem der Eisenbahnerwohnheime. Viele sind darunter, deren Arbeitsplätze in Bebra oder sonstwo eingespart wurden oder die ihre Tätigkeit aus gesundheitlichen Gründen nicht mehr ausüben können.

Kommt es zur Gründung einer Tochtergesellschaft, an der zwar die Bahn die Majorität halten wird, aber das private Unternehmen den Lohntarifvertrag mit der GdED ablehnt, dann stehen sämtliche Erfolge der Gewerkschaft zur Lohn- und Arbeitsplatzsicherung auf dem Spiel. Im Gespräch ist hier eine Frankfurter Gebäudereinigungsfirma, die – so der Personalratsvorsitzende Bunzel – von ihren 15000 Beschäftigten 14000 in Teilzeitarbeitsverträgen hält. Kostensparend wäre diese Form der Beschäftigung für den Arbeitgeber allemal, denn er entlohnt nur die tatsächlich gearbeiteten Stunden, spart auf diese Weise sogar Sozialversicherungsbeiträge und braucht sich um Lohnfortzahlung im Krankheitsfall, Urlaubsregelung und Arbeitsplatzsicherung für ältere Arbeitnehmer nicht mehr zu kümmern. Eine wirksame Interessenvertretung durch die Gewerkschaft wäre durch die Vereinzelung der Beschäftigten und ihre enorme Fluktuation schier unmöglich gemacht.
Doch derartigen Plänen des DB-Vorstandes hat sich die GdED bereits nachhaltig entgegengestellt. Unterstützt durch öffentliche Protestaktionen der Belegschaft konnte mit dem Bahnvorstand ausgehandelt werden, daß die Gründung einer Tochtergesellschaft vorerst fallengelassen wird, Personallücken durch Übernahme von Auszubildenden nach Abschluß ihrer Ausbildung und Neueinstellungen geschlossen werden. Um jedoch die schlimmsten Personallücken ausgleichen zu können, hat der DB-Vorstand angekündigt, dort Werkverträge mit Reinigungsfirmen abzuschließen, wo der Personalmangel auf diese Weise nicht behoben werden kann.
Personalrat Bunzel bleibt aber skeptisch. Um diese Beteiligung wirklich verhindern zu können, so sagt er, fehlt uns die wirtschaftliche Mitbestimmung, die wir heute nötiger brauchen als zuvor.
Dagegen scheint im Gleisbauhof Hanau noch alles seine Ordnung zu haben. Angst um den Arbeitsplatz kennt man hier nicht. Gleisbauer ist einer der härtesten und gefährlichsten Berufe bei der Bahn. Trotz modernster Maschinen müssen die tonnenschweren Schienen und Holzschwellen häufig noch mit Muskelkraft bewegt und gerichtet werden. Die Unfallgefahr ist an dicht befahrenen Strecken enorm und ein Privatleben durch die ständig wechselnden Baustellen unmöglich gemacht.
Manchmal sind die Männer im Bauzug vierzehn Tage und länger auf der Schiene, leben in dieser Zeit auf engstem Raum in umgebauten Personenwaggons zusammen, kommen kaum aus

den Arbeitsklamotten raus, weil ihre Arbeitszeit vom Arbeitsaufkommen bestimmt wird. Früh-, Spät-, Nachtdienst: zehn bis zwölf Stunden sind die Regel, manchmal noch darüber. Gibt es dann eine Heimfahrt, schrumpft ein Wochenende auf knappe zwölf Stunden Freizeit mit der Familie oder Freundin zusammen, der Rest ist Autobahn. Nur wenn Überzeit genommen wird, sind die Männer mehrere Tage zusammenhängend zu Hause; aber was soll man mit seiner plötzlich so reichlichen Freizeit anfangen, wenn die Frau arbeiten muß, die Kinder in der Schule sind. Entsprechend hoch ist auch hier die Fluktuation. Zwar kann hier ein einfacher Arbeiter noch mit 3000 Mark und mehr nach Hause gehen, wenn er entsprechend zulangt, aber eine Arbeit auf Dauer ist das nicht. So melden sich viele der 30 auslernenden Gleisbauer pro Jahr in eine Beamtenlaufbahn, mögen die Bedingungen auch schlechter geworden sein oder gehen ganz von der Bahn weg, obwohl sie im Gleisbauzug noch am ehesten einen Arbeitsplatz bekämen. Vor die Wahl gestellt, ein künftiges Leben in solchen Zuständen zu verbringen, womöglich bis zum Rentenalter, ziehen etliche die Arbeitslosigkeit vor. Wen wundert's da, daß der Krankenstand hier überdurchschnittlich hoch ist, teilweise über 30 Prozent, daß Jugendliche schon nach drei Monaten im Bauzug bleibende Wirbelsäulenschäden durch zu schweres Heben davontragen, daß die Gesundheit durch Lärm und Staub an der Gleisstopfmaschine oder der ›Schwellenmühle‹, wie die Anlage zum Aussortieren wiederverwendbarer Schienenschwellen genannt wird, derart gefährdet ist, daß das Band jede Stunde für eine zehnminütige Lärmschutzpause abgeschaltet wird.
Trotzdem gibt es keinen Arbeitskräftemangel, denn so viele den Bauzug für sich auch als Übergangsstation ansehen, im Hinterland von Rhön und Vogelsberg warten genug, die noch weit schlechtere Arbeitsbedingungen akzeptieren würden. Manchmal, so sagt der ÖPR-Vorsitzende Appel kopfschüttelnd, erstaunt einen schon, wie genügsam Menschen werden können. Noch ist es ruhig im Gleisbauhof Hanau. Die Schwellenaufbereitungsanlage scheint die Belegschaftsstärke von zirka 700 im Bauhof und 300 Beschäftigten in den Bauzügen auf Jahre hin zu sichern. 40 Leute zu wenig scheint hier noch kein Problem zu sein. Doch neue Maschinen werden nicht mehr angeschafft und Arbeiten, wenn sie aus Termingründen nicht bewältigt werden können, an private Firmen vergeben.

Als ich am späten Nachmittag eines Apriltages das weiträumige Gelände des Gleisbauhofes verlasse, scheint die Sonne. Der erste Frühsommertag in diesem Jahr, der die Gesichter der Kollegen, die am Pförtner vorbei in den Feierabend gehen, freundlicher, entspannter und auch ein wenig geschwätziger erscheinen läßt, als sie in Wirklichkeit sind. Was haben sie mit den Problemen der Lokführer zu tun, der Wagenreiniger, der Rangierer? Nichts. Scheint mir. Aber das ist wohl nur scheinbar so.

Nur ein mieser Job?

Gert Midinet

Und morgen beginnt das Ganze von vorn

Kurz nach 5 Uhr. Der Wecker piepst unausstehlich. Montags aufzustehen nach einem geruhsamen Wochenende, ist wahrlich keine Freude. Aber trotzdem, es muß sein. Also aufstehen, Kaffee eingießen und waschen. Nach dem Waschen ist der Kaffee, der schon am Vorabend in die Thermoskanne gefüllt wurde, gerade richtig zum Trinken. Schnell noch ein Brot schmieren, Frühstück einpacken nicht vergessen, dann anziehen. Bevor ich aus dem Haus gehe noch rasch den Kaffee austrinken, dann los.

5 Uhr 30. Schnell mit dem Auto zur Arbeit fahren. Die Sonne scheint und es sind schon fast 20 Grad Hitze. Es wird ein fürchterlicher Tag werden. Am Arbeitsplatz als erstes die Stechuhr drücken, den Wagen an die Rampe fahren, um nachzusehen, ob alles in Ordnung ist, und Hubwagen und Sackkarren aufzuladen. Nun habe ich ein paar Minuten Zeit, bis der Disponent kommt.

Kurz vor 6 Uhr kommt der Disponent. Wie meistens wird noch dazugeladen. Erst gegen 6 Uhr 15 kann es wirklich losgehen. Ich schwinge mich auf meinen »Bock«. Während des Anfahrtsweges zum ersten Kunden und überhaupt in »mein« Gebiet habe ich Zeit nachzudenken. Langsam werden wohl Frau und Kinder wach, aber ich bin schon eine Stunde auf der Arbeit. Jeden Morgen so leise wie möglich aufstehen, damit die anderen nicht aufwachen. Viel schöner wäre es, etwas später aufstehen zu können, dann gemeinsam zu frühstücken und sich dann noch voneinander zu verabschieden. Statt dessen diese Tretmühle.

Während des Nachdenkens sehe ich schon von weitem: Stau. Also runter mit der Geschwindigkeit, Warnblinker einschalten, anhalten, warten. Nach einer Viertelstunde bin ich soweit vorgerückt, daß klar wird, was ist: Baustelle. Mitten im Berufs- und Urlaubsverkehr von drei Spuren nur noch eine Spur. Das muß Chaos geben. Diese Idioten, denke ich, warum gleich zwei Spuren auf einmal ausbessern. Es hätte doch fürs erste gereicht, eine zu reparieren und dann erst die zweite. Dann hätte es keine Verzögerung gegeben. Nun denn, weiter geht's.

Nun komme ich endlich zum ersten Kunden. Schnell abladen und dann auf zum nächsten. Zeit ist zwar nicht direkt Geld, nur insoweit, als alles ausgefahren werden soll für die Firma. Für mich ist es nachher eine längere Pause, um nicht zu früh wieder in der Firma zu sein und zusätzlich noch was arbeiten zu müssen.
So geht das bis zum fünften Kunden. Überall schnell abladen und weiter. Aber jetzt heißt es Glück haben. Ein Großmarkt steht auf der Liste. Pech gehabt. Fünf Wagen vor mir. Pause auf dem Fahrtenschreiber einstellen, Papiere abgeben. Gerade bei Großmärkten gibt es oft stundenlange Wartezeiten, die nicht langweilig werden dürfen. Mein Vordermann liest die ›*Bild*‹, ein anderer die ›*Frankfurter Rundschau*‹. Kollegen, die nicht mehr die »Bild« lesen, gibt es inzwischen immer mehr. Was habe ich eigentlich heute eingesteckt? George Orwell »Auftauchen um Luft zu holen«. Wollen wir mal Luft holen, aber ob wir deshalb auftauchen? Vielleicht, um später wieder unterzutauchen zu den Namenlosen.
Heutzutage findet sich ein großes Sammelsurium unter den Kraftfahrern wie unter den Taxifahrern. Etwa jeder zehnte dürfte abgeschlossener oder abgebrochener Student sein. Das prägt die Szenerie etwas mit. Dabei verliert fast jeder eventuell gehegte Illusionen und sieht zu, wie und wo er sein Geld verdient.
Nach etwa einer Stunde kann ich mit dem Abladen anfangen. Jetzt geht es schnell, aber diese Stunde ist nicht mehr aufzuholen. Trotzdem wird es versucht, indem gefahren wird, was Straße und Wagen hergeben.
Zum Glück kenne ich ja fast alle Kunden. Tankstellen sind immer gut. Jederzeit anzufahren und keine Wartezeiten. Aber dann muß ich noch in die Kaserne. Das ist immer ein Aufstand, dort reinzukommen. Ausweis vorzeigen und abgeben bis zum Rausfahren. Dann wird Name, Adresse, Geburtsort und -datum, Ausweisnummer aufgeschrieben. Als wenn die sonst nichts zu tun hätten. Allein die Formalitäten bei der Einfahrt dauern zehn Minuten.
Bei M., einer großen Maschinenfabrik, ist das ganz anders. Die Schranke ist unten, aber der Pförtner sieht mich kommen und macht sie sofort hoch.
Bis jetzt habe ich Glück gehabt. Keine Annahmeverweigerung. Sonst steht alles im Weg herum und die Ladung muß öfters umgeräumt werden. Alles unnötige Arbeit und meistens nur, weil

vom Versender aus schon etwas nicht stimmt. Sei es zu viel oder falsches geliefert. Aber als Fahrer muß ich es ausbaden.
Gegen 12 Uhr rufe ich wie immer in der Firma an und frage, was es abzuholen gibt. Acht Posten, und zwei sind noch auszufahren. Dazu die Mittagspause. Es wird ein langer Tag heute. Wieder Zwangspause. Wieder lesen oder schlafen. Dann pünktlich nach der Mittagspause beim nächsten Kunden stehen. Vorher aber noch an einem Imbiß ein Würstchen reingestopft. Eigentlich unnötig, Verpflegung habe ich ja dabei. Wieder zuviel Geld ausgegeben.
Das ist mal wieder flott gegangen. Jetzt schnell die Rodgau-Autobahn nach Weiskirchen. Früher gab es hier nur Landstraße. Da haben sie wieder viel abgeholzt und mittendrin ist die Autobahn zu Ende. Eine Baustelle, auf der nichts gearbeitet wird. War also doch nicht so einfach durchzusetzen, dieser Autobahnbau. Auf der einen Seite komme ich viel schneller vorwärts (dafür auch mehr Kunden, der Chef kennt die Autobahn schließlich auch), auf der anderen Seite wieder eine breite Schneise in Wald und Feld.
Auf dem Weg von Weiskirchen nach Obertshausen steht ein Brückenpfeiler einsam über einem Bach. Gebaut wird nicht daran. Er steht nur als Mahnmal für das Kommende: Eine neue Rennstrecke anstelle der alten. Auf dem Brückenpfeiler steht deutlich lesbar: »Zu verkaufen. Preis: VB«. Ein deutliches Zeichen für die Beliebtheit dieses Bauwerkes. Der Moloch Autoverkehr soll alles andere schlucken, ohne Rücksicht auf Verluste. Verdammt, ich lebe ja selbst davon. Zwiespalt. Wir brauchen Technik und schnelle Wege. Aber zuviel ist ungesund. Der Lebensraum geht kaputt und vor allem wird die Arbeitsnorm erhöht. Je mehr schnellere Straßen es gibt, desto mehr Kunden sind pro Tag zu bedienen. Das ist nicht gut für mich. Also ist es mir lieber, wenn sich an der alten Straßenführung nichts ändert.
Alle Anlieferungen sind beendet. Jetzt geht es ans Abholen. Acht Abholer heute und ich weiß von vornherein, daß überladen wird. So um die sieben Tonnen sind offiziell zuviel, aber geladen wird es trotzdem. Schließlich geht es nach dem Prinzip: Wenn du nicht fahren willst, kannst du deine Papiere abholen.
Erste Station ist wie immer L., Achsenfabrik. Drei Tonnen. Die werden vorne auf die erste Klappe geladen, auch wenn es nachher bergab nicht so gut zu lenken geht. Aber was soll's, hinterher brauche ich noch einiges an Platz.

Um 15 Uhr 30 habe ich alle Ladestellen erledigt. Zum Glück liegen sie dicht beieinander. 6,9 Tonnen bei 5,8 erlaubten. Es ist wieder ein »Tiefflug« durch die Stadt angesagt, da es sonst teuer wird und Punkte in Flensburg gibt.
Heute mußte ich zu H., einem großen Chemiewerk. Eingangskontrolle, Rauchverbot und furchtbar schlechte Werksstraßen. Überall laufen Rohre von einem Gebäude zum andern, unter denen durchgefahren wird. Nicht auszudenken, wenn eines von ihnen brechen würde. Alles düstere, dreckige Gebäude. Hier gibt es Farbeimer, die nur mit Handschuhen angefaßt werden können. Wenn so ein Eimer umfällt und ausläuft, ist es eine Riesenschweinerei, wenn's auf die Straße läuft, muß ich die Feuerwehr holen.
Die Lagerarbeiter kenne ich, komme auch gut mit ihnen aus, was nicht überall der Fall ist. Sie fragen, was mit C. ist, der früher diese Strecke fuhr. Aber er hat seinen Führerschein noch nicht wiederbekommen, nachdem er mit 2,5 Promille erwischt wurde. Vielleicht bekommt er ihn für die Arbeit wieder (es gibt viele, die auf dieser Grundlage fahren), da es das erste Mal war. Ansonsten ist er erstmal arbeitslos und wer stellt einen Mittfünfziger heute noch ein.
Eigentlich bin ich mit meiner Arbeit fertig. Aber bevor ich auf den Firmenhof zurückfahre, wird noch einmal an »meinem« Büdchen gehalten. Hier stehe ich fast jeden Tag. Ein paar Minuten ausspannen, eine Wurst essen und ein bißchen über alles mögliche reden.
Nun kann ich mich in der Firma sehen lassen. Es ist mittlerweile 16 Uhr geworden. Vor 15 Uhr 30 darf man nicht erscheinen, sonst wird man oft noch einmal weggeschickt, um etwas abzuholen.
Der Hof ist proppenvoll und viel zu klein. Erstmal einen anderen Wagen fortfahren, bevor ich an die Tankstelle komme. Tanken, Ölstand kontrollieren, dann Wagen zum Abladen an die Rampe fahren. Gang über die Halle. Aber was für eine Halle. Alles ist hier zu klein. Doppelt und dreifach müssen die verschiedenen Sachen hingestellt werden, auf die Rampe und sogar in den Hof. Und wenn es regnet, tropft es an mehreren Stellen durch, so daß Eimer daruntergestellt werden müssen. Und das alles in einem Großbetrieb. Aber die Firma soll ja umziehen. Seit zwanzig Jahren.
Ich gehe vor und bestelle bei Heinz ein Bier. Nun kommen die Formalitäten. Papiere abgeben, eintragen lassen, was abgeholt

wurde, abrechnen, sofern die Frachtrechnung bar bezahlt wurde.
Jetzt wird es Zeit nachzusehen, was am nächsten Tag auf dem Programm steht. Siebzehn Anfahrtstellen, aber weite Fahrtstrecken. Ist aber sicher zu schaffen. Schnell lege ich meine Tour für morgen fest, während ich mein Bier trinke. Das ist jetzt auch bitter nötig. Die Kehle ist trocken und der Schweiß läuft in Strömen am Körper herab. Immerhin sind es über 50 Grad im Auto an so einem heißen Tag. Und in der Firma gibt es nicht einmal eine Dusche. Also kurz umziehen und dann nichts wie ab nach Hause.
Mittlerweile ist es 17 Uhr geworden. Über zehn Stunden Arbeitszeit. Dabei haben wir seit fast vier Jahren offiziell die 40-Stunden-Woche, aber das können wir in dem Job getrost vergessen. »Acht Stunden sind kein Tag« hieß es einmal bei Faßbinder. Stimmt schon, aber ein enorm großer Teil davon, und dazu noch die Überstunden.
Wenn ich nach Hause komme, sehe ich heute zum erstenmal Frau und Kinder. Die wollen ja auch was von mir haben. Das geht aber hauptsächlich nur am Wochenende. Zuerst wird geduscht und dann gegessen. Danach spielen die Kinder noch eine Weile, und ich kann mich endlich mit meiner Frau darüber unterhalten, wie der Tag verlaufen ist, was es für Probleme mit den »lieben Nachbarn« gegeben hat, denen die Kinder mal wieder zu laut waren oder ähnliches.
Gegen 19 Uhr wird der Kleinste ins Bett gelegt. Natürlich nicht, ohne vorher protestiert zu haben. Nun spiele ich mit dem Großen noch »Mensch ärgere dich nicht«. Gegen 20 Uhr muß auch der Ältere ins Bett und meine Frau und ich haben jetzt endlich Zeit füreinander. Frage ist, was nun gemacht wird. Mal schauen, was im Fernsehen kommt. Nichts Besonderes, nur Einheitsbrei. Deutscher Spielfilm von 1941, kann man vergessen. Oder sollen wir noch ein Bier trinken gehen? Zum Lesen bin ich jetzt auch zu müde. Also gibt es wieder einmal Fernseh-Unkultur und zwischendrin Unterhaltung mit meiner Frau, denn dauernd zuschauen ist unmöglich.
Nach dem Film, gegen 22 Uhr, mache ich noch alles fertig für den nächsten Tag. Der Kaffee ist schon gekocht. Die Kleider müssen noch zurechtgelegt werden. Dann geht's ins Bett, damit ich am nächsten Tag einigermaßen fit bin.
Und morgen beginnt das Ganze von vorne.

Georg Diederichs

Sektionsgehilfe – Nur ein mieser Job?

Stumm wie ein Fischmaul
Und ausdruckslos
Spielt die Sonne im blutverkrusteten Haar
Ein schneller Schnitt – ein Ruck
Der Jugendtraum des Sektionsgehilfen
Indianer zu sein
Erfüllt sich ein weiteres Mal
Am metallenen Tisch
Die Säge – der Meißel
Hallende Schläge – geöffneter Schädel...

Diese Zeilen kommen mir wieder in den Sinn. So jedenfalls hatte ich vor etlichen Jahren mein Gedicht ›Sektion‹ begonnen. Damals arbeitete ich noch als Krankenpfleger und brachte so manches Mal meine Eindrücke und Erlebnisse nach Feierabend zu Papier. Sind einige ganz gute Texte dabei entstanden, die später, als ich den Krankenpflegeberuf längst an den Nagel gehängt hatte, zum Teil auch veröffentlicht wurden. »Wer mit Leichen zu tun hat«, schrieb z. B. ein Redakteur der Zeitschrift ›*Demokratisches Gesundheitswesen*‹ über meine Gedichte, »dem öffnen sich wohl Aspekte menschlicher Existenz, die ansonsten gern von humanitärer Emphase vernebelt werden. Gottfried Benn hat mit seinem ›Morgue-Zyklus‹ das Bürgertum ja auch mächtig schockiert: Menschliche Leiber als bloße Materie, jedem Zu- und Eingriff zugänglich, den natürlichen Prozessen des Faulens wehrlos ausgeliefert, gaben – da fühlte sich das wilhelminische Bürgertum wohl ertappt – ein realistischeres Bild von den menschlichen Lebensverhältnissen als die Sonntagsreden über Anmut und Würde der Gattung.«[1]

Zumindest ein Aspekt menschlicher Existenz, der sich mir dazu noch sehr deutlich auf meinem frühmorgendlichen Weg zum Pathologischen Institut des Universitätsklinikums in G. eröffnet, ist ein unangenehm flaues Gefühl im Magen. Nach Jahren werde ich wieder mit Leichen zu tun haben, werde dabei sein, wenn sie seziert werden. Und ich ertappe mich bei meinen Vorbehalten, Ängsten, Zweifeln, die sich in den Jahren der Distanz bei mir eingenistet haben. Ist nicht alles, was mit Sterben und Tod zu tun hat, in unserer Gesellschaft weitgehend tabu? Hat nicht das Sezieren menschlicher Leichen etwas geradezu Anormales an sich? Leichenfledderei, die einfach Ekel und Abscheu hervorrufen muß? Mir fallen Sätze ein, die ich kurz vorher gelesen habe: »Aus der Geschichte des Obduktionswesens lassen sich die Vorurteile, die die Bevölkerung heute oft noch gegen Sektionen hat, verstehen. Durch Jahrhunderte hindurch wurden zur Obduktion nur die Leichen von Verbrechern, Hingerichteten und Ehrlosen verwandt. Als die Sektionszahlen im 18./19. Jahrhundert zunahmen, ging man zuerst dazu über, auch Angehörige sozial niedriger Schichten, wie Almosenempfänger, die auf Kosten der öffentlichen Hand bestattet werden mußten, zur Obduktion freizugeben. Dadurch erhielt die Obduktion den Anstrich des Entehrenden, ja einer ›Strafe über den Tod hinaus.‹[2] Das mag vielleicht eine Erklärung sein. Aber spielt nicht auch die Angst vor dem eigenen Tod und der Ungewißheit darüber, was danach kommt, eine Rolle? Sollte sich die Würde, Autonomie und Einzigartigkeit des Menschen unter dem Seziermesser als bloße Illusion erweisen? Etwa doch: »Die Krönung der Schöpfung, das Schwein, der Mensch« – wie es bei Gottfried Benn heißt?

Derart in Gedanken versunken, erreiche ich das Pathologische Institut. Einen von außen wenig ansehnlichen Backsteinbau. Soviel ich weiß, sogar das älteste Gebäude des Universitätsklinikums in G., irgendwann um die Jahrhundertwende erbaut. Im Treppenaufgang bin ich dann doch angenehm überrascht. An den Wänden hängen links Reproduktionen moderner Künstler und rechts eine Informationstafel der Gewerkschaft ÖTV.

»Bei den von uns durchgeführten Sektionen von am Klinikum verstorbenen Patienten geht es nicht nur darum, exakt die Todesursache festzustellen, sondern u. a. auch darum, den Erfolg oder Mißerfolg einer eingeleiteten Behandlung nachzuprüfen, einwandfreie Unterlagen für etwaige Rechtsansprüche bei Rentenverfahren oder ähnlichem zu schaffen, und natürlich auch, durch objektive Feststellung der den Tod verursachenden Veränderungen die wissenschaftliche Erforschung von Krankheiten zu fördern«, erklärt mir der zuständige Oberarzt, bei dem ich mich zunächst melde. »Laut geltender Sektionsordnung des Universitätsklinikums«, erklärt er, »sind die Verstorbenen möglichst bald nach Eintritt des Todes in das Pathologische Institut zu bringen. Zur Orientierung über die Todesursache, die insbesondere bei Infektionskrankheiten zur strikten Einhaltung der hygienischen Vorschriften notwendig ist, ist mit der Leiche ein Begleitzettel mit kurzer Angabe der Personalien, der jeweiligen Klinik und Station sowie der Todesstunde und der vorläufigen klinischen Diagnose mitzuschikken.« Ob denn grundsätzlich alle am Klinikum verstorbenen Patienten seziert werden, will ich von ihm wissen. »Nein, sofern nahe Angehörige des Verstorbenen Einspruch gegen die Leichenöffnung erheben, nicht. Als Wartefrist soll nach Möglichkeit die Zeit von zehn Stunden nach Eintritt des Todes eingehalten werden. Und das geschieht auch.«

Unser Gespräch ist nur kurz, denn der Arbeitsalltag im Sektionssaal hat bereits begonnen.
An der Tür zum Sektionssaal werde ich von einem alten Bekannten begrüßt. Mit Udo Kurz, einem der beiden Sektionsgehilfen, habe ich während meiner Zeit als Krankenpfleger in der Gewerkschaft zusammengearbeitet. Sein breites Grinsen und sein aufmunterndes »Ach, der Schreiberling, nur hereinspaziert!« erleichtern mir den Eintritt. Und dann fragt er mich doch tatsächlich, wie's mir geht. »Gut«, lüge ich und greife nach dem weißen Kittel, den er mir hinhält. »Na, heute kannst du mal was sehen, was du in der ›Schwarzwaldklinik‹ nie siehst.«
Der Saal ist nicht sehr groß. Steinfußboden und weißgetünchte Wände. An den Seiten Schränke, in denen Skalpelle, Scheren, Sonden und sonstiges »Werkzeug« aufbewahrt wird. In einer Ecke zwei große Spülbecken, in einer anderen eine große Waage. Auffälligste Dekoration sind die zahlreichen Gläser, in denen menschliche Organe in einer Formalinlösung schwimmen. Zu Demonstrationszwecken, wie mir erklärt wird. In der Mitte des Raumes dann die Sektionstische. Drei modern gestylte Metalltische mit Abflußvorrichtung und Handbrause. Zwei der drei Tische sind bereits belegt.
»Wir fangen morgens um 7.30 Uhr an. Richten dann zunächst die Tische, d. h. wir legen den Ärzten das für die Sektion benötigte Instrumentarium zurecht, stellen die Schüsseln und Präparategläser für die Organproben hin, holen dann die zur Sektion freigegebenen Leichen aus dem Kühlraum.« Während

Udo Kurz noch spricht, beginnt sein Kollege Adolf Pichotta bereits mit der Kopfsektion.
Der Oberkörper der Leiche liegt etwas erhöht, unterstützt durch einen Metallkeil unter den Schulterblättern. Ruhig setzt Adolf Pichotta das Skalpell hinter dem einen Ohr an. Der Schnitt geht durch das Nackenhaar. Langsam zieht er die Kopfhaut nach vorn, bis das Schädeldach freiliegt. Mit einer oszillierenden Säge sägt er den Schädelknochen auf, hilft mit Hammer und Meißel etwas nach, klappt das Schädeldach auf. Vor sich sieht er die schwabbelige Gehirnmasse, die er vorsichtig herausnimmt und zur Begutachtung durch den Arzt beiseite legt. Aus der Schädelbasis präpariert er noch das Keilbein und die Hypophyse heraus. »Konzentration ist das Wichtigste dabei«, meint er lakonisch, »da muß jeder Handgriff sitzen.« Mit gleicher Routine und Gelassenheit wiederholt er den Vorgang an der zweiten Leiche.
Mittlerweile sind auch die Ärzte erschienen, die die eigentliche Leichenöffnung vornehmen. Zuvor werden allerdings noch die freigelegten Gehirne untersucht. Dann nähen die Sektionsgehilfen die Wunde wieder zu. Ich bin von der Präzision beeindruckt, mit der das geschieht. Vor allem aber auch davon, daß ich von dem gerade vorgenommenen Eingriff keinerlei Spuren mehr entdecken kann.
Während die Sektionsgehilfen noch mit der »Leichenkosmetik« am Kopf beschäftigt sind, beginnen die Ärzte bereits mit der Sektion des Körpers. Zu einer ordnungsgemäßen Sektion gehört – neben der Öffnung des Kopfes – auch die der Brust- und Bauchhöhle sowie die Entnahme der dort gelegenen Organe, unabhängig davon, ob in diesen nach dem klinischen Bild krankhafte Veränderungen zu erwarten sind. Mitunter kann die Gesamtbeurteilung des Sektionsfalles auch durch negative Befunde an nur einem Organ beeinflußt werden. In manchen Fällen wird die Sektion gegenüber dem, was üblicherweise bei einer Leichenöffnung untersucht wird, noch erweitert. Zum Beispiel um die Öffnung der Nasennebenhöhlen, des Wirbelkanals mit Herausnahme des Rückenmarks, um größere Teile des Skelettes oder der Extremitäten, je nach Verdacht auf vorliegende Erkrankungen. So werden bei verstorbenen Krebspatienten Proben aus dem Brustbein und einem Oberschenkelknochen entnommen. Eine Arbeit, die von den Sektionsgehilfen vorgenommen wird.
Haben die Ärzte die Sektion beendet, werden die Leichen von

den Sektionsgehilfen wieder zugenäht. »Wir legen größten Wert darauf, jede Leiche nach der Sektion so sorgfältig wieder herzurichten, daß Spuren des Eingriffs, die bei der Aufbahrung des Toten die Pietät der Angehörigen verletzen könnten, nicht zu erkennen sind.« Darin sind sich Udo Kurz und Adolf Pichotta einig.
Mein anfängliches Unbehagen hat sich kaum gebessert. Zumindest ist mir beim Zusehen nicht schlecht geworden. Ich denke, hier war es doch von großem Vorteil für mich, während meiner Krankenpflegezeit die eine oder andere Sektion gesehen zu haben. Was mir jedoch zu schaffen macht, ist der süßlich-modrige Leichengeruch, der sich verbreitet. Das sei allerdings etwas, woran sie sich zu Anfang auch erst hätten gewöhnen müssen, bestätigen mir die beiden Sektionsgehilfen. Nachdem sie die Leichen wieder in den Kühlraum gebracht haben und die entnommenen Organproben gewogen, gesäubert und in Schüsseln zur Abnahme durch den Oberarzt hergerichtet sind, kommen wir etwas unbefangener ins Gespräch.

Udo Kurz ist 45 Jahre alt und war, bevor er vor acht Jahren am Pathologischen Institut als Sektionsgehilfe anfing, Lkw- und Busfahrer. Sein Kollege Adolf Pichotta, 52, arbeitet bereits seit zehn Jahren in diesem Beruf. Davor war er als Chemielaborant und Tierpfleger beschäftigt. Was sie denn dazu bewogen hat, ausgerechnet den Beruf des Sektionsgehilfen zu ergreifen, will ich von den beiden wissen. Adolf Pichotta erzählt, daß seine früheren Tätigkeiten als Chemielaborant und Tierpfleger zeitlich befristet gewesen wären. Die Arbeitsverträge seien ausgelaufen und, da über sogenannte Drittmittel finanziert, nicht mehr verlängert worden. Um nicht arbeitslos zu werden, habe er sich dann eben in der Pathologie beworben. Weniger zufällig scheint es dagegen bei Udo Kurz gelaufen zu sein. »Wie schon gesagt, ich habe jahrelang Lkw gefahren. Dann noch mal zehn Jahre Bus. Ich wollte meinen beruflichen Wirkungskreis einfach verändern. Da ich schon über Jahre hinweg aktiv beim Deutschen Roten Kreuz im ehrenamtlichen Rettungsdienst und Krankentransport tätig war, habe ich mir gedacht, als ich damals die Stellenausschreibung in der Zeitung las, das wäre doch was für mich, da könnte ich für meine Tätigkeit beim Roten Kreuz sicher noch eine ganze Menge lernen. Deshalb habe ich mich dann auch beworben und bin unter 38 Mitbewerbern eingestellt worden.« Daß ausgerechnet er seinerzeit genommen wurde, erklärt Udo Kurz so: »Dabei spielten wohl vor allem finanzielle Gesichtspunkte eine Rolle. Vielen Familienvätern schien es einfach zu ungewiß zu sein, mit dem niedrigen Verdienst ihre Familien versorgen zu können. Bei mir war das deshalb etwas anderes, weil meine Frau ebenfalls berufstätig ist und ganz gut verdient, wir von daher nicht jeden Pfennig zweimal umdrehen mußten, bevor wir ihn ausgaben. Bei den meisten anderen war das aber nicht so. Und mit einem Anfangsgehalt von netto 1200 DM eine Familie durchzubringen, war schon damals fast unmöglich.«

Udo Kurz spricht damit ein Problem an, das nicht nur ihm, sondern im Grunde allen Sektionsgehilfen auf den Nägeln brennt: Laut Bundesangestelltentarifvertrag (BAT) werden Sektionsgehilfen in der vorletzten Vergütungsgruppe, nämlich BAT IX, eingestellt. Nach einem Jahr werden sie in Vergütungsgruppe VIII höhergruppiert, die für sie allerdings auch schon die Endstufe darstellt. Lediglich Sektionsgehilfen, die – so der BAT – »in nicht unerheblichem Umfange auch Präparatorentätigkeiten ausüben und denen mindestens zwei Sektionsgehilfen durch ausdrückliche Anordnung ständig unterstellt sind«, können in Vergütungsgruppe VII und später dann in Vergütungsgruppe VI höhergruppiert werden.

»Totaler Schwachsinn«, ereifert sich Adolf Pichotta. »Erstens ist unsere Arbeit an der Leiche im wesentlichen eh eine präparatorische, und zweitens: wie soll das denn mit dem Unterstellungsverhältnis funktionieren? Wir sind doch nur zu zweit im Sektionssaal! Und das ist in vielen anderen Instituten genauso.«

»Was haben wir da schon alles unternommen«, ergänzt Udo Kurz. »Ich weiß von Kollegen, die sich seit fast 20 Jahren in der ÖTV dafür einsetzen, daß sich die soziale Situation der Sektionsgehilfen verbessert. Bisher alles umsonst! Wir haben Artikel und Leserbriefe für die Gewerkschaftszeitung geschrieben[3], Eingaben beim Tarifsekretariat gemacht, Anträge gestellt, die sogar bis zum Gewerkschaftstag gingen[4]. Nichts hat sich bisher getan. Material an den Hauptvorstand, hieß es. Dazu kommt, daß der BAT den *Gehilfen*status schon in der Berufsbezeichnung festschreibt. Und für Gehilfen will sich anscheinend keiner einsetzen. Nicht einmal eine Berufsausbildung ist geregelt. Dabeistehen, zugucken und dann irgendwann selber machen, das war meine Ausbildung, als ich hier angefangen habe. Anatomie und Medizinerlatein habe ich mir im we-

sentlichen selber beibringen müssen. Gut, mein Kollege Pichotta hat mir viel dabei geholfen, und auch seitens der Institutsleitung und unserer Ärzte bin ich unterstützt worden. Aber eine Berufsausbildung müßte doch bundeseinheitlich geregelt werden.«
Die Enttäuschung über die Inaktivität der zuständigen ÖTV-Gremien ist bei den Kollegen deutlich herauszuhören. Um ihre berufsspezifischen Interessen besser durchzusetzen, haben sie sich deshalb zusätzlich noch im Verband Deutscher Präparatoren organisiert. Der Präparatorenverband kann zwar keine Tarifverhandlungen für sie führen, unternimmt dafür aber einiges hinsichtlich Aus- und Weiterbildung. Meist in Zusammenarbeit mit dem Berufsverband Deutscher Pathologen.

»Ende der 70er/Anfang der 80er Jahre ist uns zumindest auf örtlicher Ebene ein kleiner Durchbruch gelungen«, greift Udo Kurz den Faden noch einmal auf. »Damals konnte quasi durch eine konzertierte Aktion von ÖTV-Vertrauensleuten, Personalrat und Institutsleitung eine Höhergruppierung für uns durchgesetzt werden. Allerdings erst dann, als der Personalrat eine Arbeitsplatzbesichtigung unter Beteiligung des damaligen Verwaltungsdirektors am Universitätsklinikum und eines Tarifsachverständigen aus der Personalabteilung im Sektionssaal durchgeführt hat. Die gleichen Verwaltungsherren, die zuvor sämtliche Höhergruppierungsanträge von uns vom grünen Tisch aus abgeschmiert hatten, haben sich im Sektionssaal dann doch eines besseren belehren lassen müssen. Das war für die sicher alles andere als angenehm, für uns aber um so effektiver. Wir sind dann nämlich in BAT VII höhergruppiert worden und mittlerweile sogar in BAT VI gekommen.«
»Stimmt«, pflichtet ihm Adolf Pichotta bei, »das war damals eine gute Aktion von unseren ÖTV-Kollegen im Personalrat. Gut war natürlich auch, daß wir von seiten der Institutsleitung volle Unterstützung hatten, sonst wäre das wahrscheinlich doch nicht so problemlos über die Bühne gegangen. Wie auch immer. Fest steht, daß zwar für uns hier etwas erreicht werden konnte, das grundsätzliche Problem, nämlich der total veraltete Tarifvertrag, aber nach wie vor besteht. Darüber endlich zu verhandeln, bleibt unsere Forderung an die ÖTV!«
Während unserer angeregten Unterhaltung haben die Kollegen das Instrumentarium und die Tische gesäubert. Es ist mittlerweile kurz vor 12.00 Uhr. Daß wir überhaupt so lange miteinan-

der reden konnten, liegt daran, daß heute nur zwei Sektionen vorgenommen wurden. Meist sind es jedoch drei pro Tag, manchmal sogar fünf. Dann geht's natürlich hektischer zu. Was die Möglichkeit von Gesprächen anbelangt, habe ich überhaupt Glück. Momentan sind Semesterferien. Insofern steht uns auch der Nachmittag zur Verfügung, denn während des Semesters müssen die Sektionsgehilfen noch bei den Vorlesungen assistieren. Und das bedeutet häufig Überstunden, da nach den Vorlesungen noch aufgeräumt und saubergemacht werden muß.
Um 12.00 Uhr werden allerdings erst einmal die beiden heutigen Fälle »vorgestellt«. Im Hörsaal sind die Schüsseln mit den entnommenen Organproben aufgebaut. Die Fälle werden noch einmal durchgesprochen, wobei neben den Ärzten der Pathologie auch die von den Krankenstationen anwesend sind, auf denen die Patienten verstarben. »Das Verhältnis zwischen uns und den Ärzten hier in der Pathologie ist im allgemeinen sehr gut. Aber unter den Klinikern sind einige, da müßte die Tür noch um zwei Meter höher sein, damit die mit hocherhobenen Nasen überhaupt durchkommen«, warnt mich Udo Kurz.
Von der »Vorstellung« der beiden Sektionsfälle bekomme ich kaum etwas mit. Meine medizinischen Kenntnisse sind doch allzu verblaßt, als daß ich der Fachsimpelei der Ärzte mühelos folgen könnte. Zu sehr bin ich auch noch mit meinen Gedanken bei dem, was ich an diesem Vormittag gesehen und gehört habe. Ich verspüre das dringende Bedürfnis nach frischer Luft.
Nach der Mittagspause treffe ich mich mit Udo Kurz und Adolf Pichotta wieder im Sektionssaal. Wie sie denn mit ihrer Tätigkeit überhaupt so fertig werden, will ich von den beiden wissen. Das meiste sei Routine, bekomme ich zur Antwort, und die Leichen seien nach Feierabend in der Regel auch vergessen. »Ich kann doch zu Hause nicht bei jedem Stückchen Fleisch in der Suppe gleich wieder an den Sektionssaal denken«, meint Adolf Pichotta. Und doch gibt es Ausnahmen. Sektionsfälle, die ihnen trotz aller Routine nahegehen. Dann nämlich, wenn z. B. Kinder oder Jugendliche seziert werden. Menschen also, von denen man annehmen sollte, daß sie noch ihr ganzes Leben vor sich haben. »Das ist hart. Vor allem dann, wenn man selber Kinder zu Hause hat, womöglich noch im gleichen Alter.«
»Andererseits«, gibt Udo Kurz zu bedenken, »haben wir es mit Menschen zu tun, die bereits tot sind. Viel schlimmer wäre für mich, Patienten sterben zu sehen, wie es z. B. auf Intensivstationen häufig der Fall ist. Oder denk doch nur an die Stationen

für krebskranke Kinder. Ich glaube, da könnte ich nicht arbeiten.«

Ein ganz anderes Problem ist für die beiden die häufige Ablehnung, mit der sie konfrontiert werden, wenn andere sie auf ihre berufliche Tätigkeit ansprechen.

»Natürlich erzählen wir im Freundes-, Bekannten- oder Verwandtenkreis nicht herum, was sich so alles im Sektionssaal abspielt. Das verbietet uns schon die Schweigepflicht, der wir unterliegen. Aber natürlich kommt es vor, daß man mal gefragt wird, wo man denn arbeite. ›Pathologie? Was ist denn das?‹ – ›Na, so und so . . .‹ – ›Was, du schneidest Tote auf?! Geh mir nur fort!!!‹ – so oder ähnlich wird dann oft reagiert.«

Den Grund für solches Verhalten sehen die Kollegen vor allem in der weitverbreiteten Unkenntnis über Sinn und Zweck von Leichenöffnungen.

»Für die meisten Leute sind doch vollkommen falsche Vorstellungen damit verbunden. Horrorvisionen, Leichenschändung, alles Quatsch! Aber wie willst du das jemandem erklären, der doch gleich auf Distanz geht? Dazu kommen dann noch solche Schlagzeilen, wie sie die ›*Bild*‹-Zeitung schon verbraten hat: ›70000 Tote heimlich zerschnitten‹ oder ›Toten das Gehirn rausgeschnitten und verkauft‹. Da wird auf ganz perfide Art und Weise die Unkenntnis der Leute ausgenutzt, werden Schauermärchen erzählt, und so Stimmung gegen uns gemacht.«[5]

Ich kann die Verärgerung der beiden über die Methoden in den Verdummungsredaktionen unserer Boulevardpresse gut verstehen. Dennoch bleibt eine Frage offen: Wie ist das denn nun mit dem illegalen Organhandel, der in den Schlagzeilen solche Furore macht?

»Ich kann und will da meine Hand nicht für alles und jeden ins Feuer legen. Möglich, daß dergleichen schon vorgekommen ist. In unserem Institut jedenfalls nicht!« erklärt Udo Kurz entschieden und fährt dann fort: »Natürlich werden Organe oder Organteile bei der Sektion entnommen. Aber dafür gibt es doch Gründe, die mit illegalen Praktiken nichts zu tun haben. Nämlich: klinisches und wissenschaftliches Interesse zur Demonstration oder mikroskopischen Untersuchung, zu möglichen Transplantationszwecken in einen anderen lebenden Organismus, und schließlich zur Sammlung biologischen Materials für therapeutische Zwecke, z. B. durch die Entnahme der Hirnhaut oder der Hirnanhangdrüse. So, und jetzt schau dir doch mal die Skandalberichte an. Es stimmt einfach nicht, daß

Sektionen heimlich durchgeführt werden. In den meisten Kliniken wird die Einwilligung der Angehörigen eingeholt. In anderen wird die sogenannte Widerspruchslösung praktiziert. Das heißt, daß in den Aufnahmebedingungen der Klinik festgehalten ist, daß eine Sektion durchgeführt wird, wenn der Patient auf Station verstirbt, sofern von den Angehörigen nicht innerhalb einer bestimmten Frist Einspruch erhoben wird. Oder nimm die andere tolle Schlagzeile. Wenn du dann den Artikel liest, wirst du feststellen, daß es um die Herausnahme und Weitergabe der Hypophyse an pharmazeutische Firmen geht. Das heißt, das Organ, das in der Überschrift erwähnt wird, unterscheidet sich in Größe und Gewicht von dem Organ, das im Artikel benannt wird, um das 2000fache![6] Und die Weitergabe an pharmazeutische Firmen hat doch auch nur einen Grund: Stell dir mal vor, dein Kind hätte eine Hirnanhangdrüse, die kein Wachstumshormon bildet, es würde also ein ›Zwerg‹ bleiben. Durch die Behandlung mit Wachstumshormonen wird es aber ein normalwüchsiger Mensch. Die Crux dabei ist, daß dieses Hormon noch nicht chemisch hergestellt werden kann. Nur das aus menschlichen Hirnanhangdrüsen extrahierte Hormon ist für die Behandlung geeignet.«

»Oder nimm das Beispiel der Hirnhaut«, ergänzt Adolf Pichotta. »Jemand erleidet bei einem schweren Verkehrsunfall einen offenen Schädelbruch. Seine zerrissene Hirnhaut muß geflickt werden, sonst ist der Betreffende ein Todeskandidat. Das beste Material für eine solche Operation ist und bleibt nun mal die menschliche Hirnhaut. Wenn bei einer Sektion also solche Leichenteile entnommen werden, dann in erster Linie, um anderen kranken oder verletzten Menschen zu helfen. Und das dürfte doch wohl kaum ethisch, moralisch oder juristisch angreifbar sein. Nicht unser Tun, sondern solche Skandalberichte sind ›menschlich verwerflich, eine Schweinerei.‹ Gleiches gälte allerdings auch für diejenigen, die sich tatsächlich am illegalen Handel mit menschlichen Organen bereichern würden. Auch darin sind sich Udo Kurz und Adolf Pichotta einig.

Unser Gespräch ist immer wieder unterbrochen worden. Mal muß der eine, dann wieder der andere runter in den Keller, um Bestattern beim Einsargen der Leichen zu helfen. Auch das gehört zur Tätigkeit des Sektionsgehilfen.

Dann ist Feierabend. Ich verabschiede mich von den beiden. »Schreib was Vernünftiges«, geben sie mir mit auf den Weg.

Auf meinem Heimweg macht sich Erleichterung bei mir breit. Gleichzeitig bin ich aber auch ebenso in Gedanken versunken wie auf dem Hinweg. Es gibt sehr viel Angenehmeres als ausgerechnet eine Leichenöffnung. Aber es sind doch nicht die Pathologen, die aufs Sezieren angewiesen sind. Es sind die behandelnden Ärzte, es ist unsere Gesundheitsverwaltung, und damit letztlich die Öffentlichkeit. Bei allem Verständnis für wie auch immer herbeizitierte Moral, Ethik und Pietät: Warum werden ausgerechnet immer dann Vorurteile gegenüber Sektionen geringer, wenn – wie z. B. bei versicherungsrechtlichen Fragestellungen – mögliche finanzielle Vorteile in Aussicht stehen? Wo bleibt denn der Aufschrei des Entsetzens, wenn Sektionen nach dem Feuerbestattungs- oder dem Bundesseuchengesetz durchgeführt werden? Oder gar, wenn sie gerichtlich angeordnet werden? Genügt dem bürgerlichen Untertanengeist denn tatsächlich nur ein amtliches Papier, um aus einer »unwürdigen« Handlung eine »würdige« zu machen?
Was auch immer an Unkenntnis, Ignoranz und moralisierender Heuchelei in der Öffentlichkeit eine Rolle spielen mag, nach dem Gesehenen und Gehörten bin ich zumindest von einem überzeugt: Die Tätigkeit des Sektionsgehilfen stellt hohe Anforderungen an das physische und psychische Leistungsvermögen! Wobei sich letzteres nicht nur auf den ständigen Umgang mit Toten bezieht, sondern auch darauf, tagtäglich mit Krankheiten konfrontiert zu werden. Und das vom Kleinkind angefangen bis hin zum alten Menschen. Wer also meint, die Kollegen in Pathologischen Instituten geringschätzig oder gar ablehnend über die Schulter angucken zu müssen, der verhält sich genauso dumm, als würde er, nur weil er den Inhalt einer Flasche nicht erkennen kann, gleich das Etikett »Gift!« draufkleben. Auch der *»Gehilfen«*status wird Kollegen, deren Tätigkeit medizinische Fachkenntnisse und spezielle handwerkliche Fähigkeiten voraussetzt, mit Sicherheit nicht gerecht. Wann endlich wird sich die ÖTV, als größte und einflußreichste Gewerkschaft im öffentlichen Dienst, auch ihrer Verantwortung den Sektionsgehilfen gegenüber bewußt? Verhandlungen, die eine Verbesserung der gegenwärtigen tarifvertraglichen Situation und damit auch eine Verbesserung des sozialen Ansehens dieser Berufsgruppe zum Inhalt haben, sind längst überfällig!

Wochen sind mittlerweile vergangen, ehe ich mich in der Lage sah, meine Eindrücke und Erlebnisse zu Papier zu bringen.

Zahlreiche Gespräche habe ich zwischenzeitlich mit anderen darüber geführt. Sei es, weil ich danach gefragt wurde, woran ich zur Zeit arbeite; sei es, weil ich einfach selber das Bedürfnis hatte, darüber zu reden. Von Freunden und Bekannten, die in Gesundheits- oder Sozialberufen arbeiten, bin ich in meinem Vorhaben meist bestärkt worden. Andere schienen nur an der »Story« interessiert zu sein. Mitunter bin ich auch auf Kopfschütteln, Unverständnis und im Grunde die gleiche Ablehnung gestoßen, mit der auch die Sektionsgehilfen immer wieder in der Öffentlichkeit konfrontiert werden. Udo Kurz und Adolf Pichotta möchte ich daher noch einmal danken, daß sie mir so bereitwillig Einblick in ihren Arbeitsalltag gewährt haben und mir auch ansonsten zu allen Fragen Rede und Antwort standen. Mein Dank gilt weiterhin Herrn Professor A. Schulz, Gisela Behrens, Ralf Romanowski, Marion Oberschelp und Alexa Gätcke-Diederichs, ohne deren Hinweise und Unterstützung diese Reportage ebenfalls nicht hätte geschrieben werden können.

Anmerkungen

1 ›*Demokratisches Gesundheitswesen*‹, Bonn, Mai 1984, Seite 32.

2 C. M. Brugger, H. Kühn: ›Sektion der menschlichen Leiche – Zur Entwicklung des Obduktionswesens aus medizinischer und rechtlicher Sicht‹, Stuttgart 1979, Seite 117.

3 Nachzulesen u. a. in ›*ÖTV-Magazin*‹, Stuttgart, November und Dezember 1979 sowie Juni 1980. Verwiesen sei in diesem Zusammenhang auch auf die Artikel »Eingruppierung für Sektionsgehilfen verbessern« in ›*Demokratisches Gesundheitswesen*‹, Bonn, Januar/Februar 1983, Seite 37 sowie G. Zabel: »Zur Ausbildungssituation von Sektionsassistenten (Sektionsgehilfen)« in ›*Der Präparator*‹, Bochum, April 1981, Seite 93f.

4 Antrag 582 der Kreisdelegiertenkonferenz Nürnberg an den 9. Ordentlichen Gewerkschaftstag der Gewerkschaft ÖTV 1980 in Berlin.

5 Beispiele für Schlagzeilen aus der bundesdeutschen Boulevardpresse: 7. 11. 1980 ›*Bild*‹-München: »1000 Toten Gehirn rausgeschnitten und verkauft.« 24. 9. 1981 ›*Bild*‹-Westfalen: »Toten die Hirnhäute rausgeschnitten und verkauft.« 24. 2. 1982 ›*Bild*‹-Deutschland: »70000 Tote heimlich zerschnitten.« 6. 3. 1982 ›*Neue Revue*‹: »Schwarzhandel mit menschlichen Organen.« 26. 5. 1982 ›*Abendzeitung*‹ München: »Handel mit Hirnen von Toten?«

6 Ein menschliches Gehirn wiegt durchschnittlich etwa 1200 g, die Hypophyse dagegen nur ca. 0,6 g.

Bernhard Wagner

Not am Mann

»Das mache ich drei Tage, dann kriege ich 'nen Anschiß und nach zwei Wochen sitze ich auf der Straße«, sagt der Kollege, mit dem ich zusammenarbeite. Ich hatte ihn auf die Sicherheitsbestimmungen hingewiesen, die auf Papptafeln neben jeder Maschine hängen. Als sich einige Tage später am Schiebetisch der Säge eine Schraube löst und von dem rotierenden Sägeblatt wie eine Gewehrkugel an unseren Köpfen vorbeigeschleudert wird, bestehe ich darauf, wenigstens die restlichen Schrauben anzuziehen. Das hält uns auf, doch als er sieht, daß ich Angst habe, läßt er mich einen Schraubenzieher holen. »Daran gewöhnst du dich auch noch«, sagt er. Aber ich will mich hier an nichts gewöhnen.

Seit fast vier Monaten bin ich einer von vier Auszubildenden im ersten Jahr. Laut Ausbildungsvertrag sollen wir zu Holzmechanikern ausgebildet werden. Doch die Kollegen fragen sich, was wir hier lernen sollen. Der Werksleiter ist der Ansicht, daß wir erst einmal richtig arbeiten lernen sollen, und der Ausbildungsmeister, den wir selten sehen, nennt das: Sich behelfen, die Produktionsabläufe begreifen und sich darin einpassen lernen.

Er kann nicht viel machen. Die Werksleitung hat ihn für vieles andere verantwortlich gemacht, aber wenn er etwas Zeit hat, setzt er sich für uns ein.

Der Produktionsleiter läßt seinen Blick durch die Halle schweifen, wenn der Ausbildungsmeister mit ihm spricht. »Produktion geht vor«, sagt er dann oder: »Not am Mann.« Nach vier Monaten haben wir begriffen, daß immer »Not am Mann« ist.

Mal ist Messeproduktion, ein anderes Mal ist irgend etwas schiefgelaufen, Kollegen sind krank oder Sonderaufträge stehen an.

In der Firma werden Einbauküchen hergestellt. Wir lernen, an den verschiedenen Arbeitsplätzen einzuspringen, stehen am Band, beladen Lkws oder nehmen an Maschinen Werkstücke ab. Jede Woche schreiben wir Berichte für unser Berichtsheft. Der Ausbildungsmeister rät uns, die Berichte vorzuschreiben, damit er sie verbessern und uns dabei die Fachsprache beibringen kann. Bei ihm lernt man, wie auch die Arbeit am Band oder

an der Verladerampe noch interessant zu schildern ist. Als die Probezeit abgelaufen ist, schreibe ich Klartext.
Drei Wochen lade ich Elektrogeräte ab, packe Zubehör ein, zähle Schrauben ab und fahre Arbeitsmaterial an die Arbeitsplätze. Danach belade ich Lkws mit Pappkisten, schleppe Kisten und Möbel in den Versand, um sie wenig später wieder zurück ins Lager zu bringen. Den anderen ergeht es kaum besser.
Ich könne immerhin froh sein, überhaupt einen Ausbildungsplatz bekommen zu haben, sagt der Ausbildungsmeister, als ich mich beschwere. Der Betriebsrat sagt, er sei froh um jeden Ausbildungsplatz und wolle keine Risiken eingehen, mit dem möglichen Resultat, daß die Werksleitung noch weniger Auszubildende einstelle. Die beiden Auszubildenden aus dem dritten Lehrjahr sagen, da könne ich gar nichts machen, das werde ich schon noch sehen.
Ausbildungsplätze sind knapp und ich kann wirklich froh sein. Morgens um fünf gehe ich aus dem Haus und laufe zum Busbahnhof. Wenn ich morgens am Pförtner vorbeigehe, ist es noch dunkel. Abends dämmert es schon, wenn ich nach zwölf Stunden um 17.00 Uhr wieder zu Hause bin. Tagsüber sehe ich die Neonsonne der Fabrik.

Nur einer von uns vier Auszubildenden wohnt im Ort der Firma. Holzmechaniker wollte eigentlich auch keiner werden. »Nach 40 Bewerbungen war mir das egal«, sagt Thomas.
In allen Abteilungen herrscht Personalmangel, und die Meister sind froh, wenn sie einen Auszubildenden zugeteilt bekommen. Freiwillig lassen sie uns nicht gehen. Wenn wir die drei Jahre der Ausbildung nicht nur Lkws beladen oder am Band stehen wollen, müssen wir uns oft genug beschweren. Dann bekommen wir einen neuen Arbeitsplatz.
Ich baue jetzt Schubkästen. »Eine schöne Arbeit, damit du auch was lernst«, hatte der Produktionsleiter gesagt. Er würde gerne mit mir tauschen. Ich spritze Leim in Gehrungen, in vier vorgebohrte Löcher für die Dübel, setze den Boden ein, klopfe das Frontteil davor, lege den Schubkasten in die Presse, trete auf ein Pedal und lege ihn auf den Stapel. Dann wieder Leimspritzen, Boden einsetzen, Frontteil, Presse, stapeln, Leimspritzen, Boden einsetzen, Frontteil, Presse, stapeln.
Nach einiger Zeit kommt ein Kollege. »Würd ich nicht machen«, sagt er. Ich folge seinem Blick und sehe auf die Mauer

über mir. Dicke Rohre kommen von draußen aus der Wand in die Halle. Dort, wo sie die Wand durchstoßen, sind einige Mauersteine lose. Die ganze Wand vibriert, die Rohre vibrieren, die losen Steine wackeln. Draußen reißt ein Bagger den Betonboden des Hofes heraus. Manchmal stößt er an ein dickes Rohr, in dem die Rohre von drinnen gebündelt in ein anderes Gebäude geführt werden. »Wenn da was runterkommt, ist Feierabend«, sagt der Kollege, »dafür wirst du hier nicht bezahlt.«
Ich gehe zum Meister und zeige ihm die Wand. Der Meister will den Sicherheitsingenieur holen, aber ich solle erst mal weitermachen. Ich weigere mich. Er sagt, ich solle mich nicht so anstellen und geht.
In meinen Kopf steigt das Bild des Kollegen, der sich erst letzte Woche den Daumen abgesägt hat. Kalkweiß taumelte er durch die Halle, Schweiß auf seiner Stirn. Ein Kollege kam und stützte ihn. Er hielt sich die verstümmelte Hand. Blut tropfte auf den Estrich. Der Betriebssanitäter hatte ihm die Hand verbunden, ruhig und routiniert. Er war seit 25 Jahren Betriebssanitäter und hatte schon schlimmere Verletzungen gesehen. Fast alle 14 Tage passiert ein Unfall. »Ihr dürft euch nicht so hetzen lassen«, sagt er, »so was passiert immer, wenn hier Druck gemacht wird.« Der Verletzte wurde zum Arzt gefahren, und der Meister beauftragte einen, Sägemehl auf das Blut zu streuen. »Morgen kommen die hohen Herren, dann muß alles sauber sein«, sagt der Kollege, »die wollen nicht durch Blut waten.«
Die hohen Herren, das war eine Kommission der Konzernleitung, die jede Woche das Werk inspizierte. Es waren nicht nur hohe, sondern auch feine Herren. Sie spazierten, die Arme auf dem Rücken verschränkt, durch die Hallen, blieben mal hinter diesem oder jenem Kollegen stehen, um dann weiterzugehen. Sie sprachen nicht mit den Arbeitern, nur mit dem Werksleiter, der sie begleitete. Auch der Werksleiter sprach selten mit den Arbeitern. Er schrie meistens den Produktionsleiter an, manchmal auch die Meister. Als der Kollege sich den Daumen abgesägt hatte, hatte er auch geschrien. Ihm fehlte ein Mann, ein qualifizierter dazu, und die Teile mußten fertig werden. »Besser aufpassen... wer soll die Arbeit jetzt machen...!« hörte ich nur durch den Lärm der Maschinen. Ich mußte an das Gesicht des Kollegen denken, an das mit Blut getränkte Sägemehl, an seine verstümmelte Hand. Für den Werksleiter nicht

mehr als eine defekte Maschine – Not am Mann –, Wut bei mir.
Ich weigere mich, weiter unter dieser Mauer zu arbeiten. In einer Viertelstunde ist Feierabend und ich drücke mich noch ein wenig in der Halle herum. Am nächsten Tag um halb sieben stehe ich wieder da und arbeite. Die Bauarbeiter beginnen erst um sieben Uhr. Als sie anfangen, gehe ich zum Meister. Er läßt mich stehen. Ich gehe zum Betriebsrat, dem fällt nur der Sicherheitsingenieur ein. Also gehe ich wieder zum Meister und drohe mit der Berufsgenossenschaft. Er brummelt irgend etwas, das ich nicht verstehe, und geht. Nach ein paar Minuten kommt er wieder und schickt mich in die Spritzerei.
Die Spritzerei war für uns wie eine Strafe. Die Lackgase drückten im Kopf, machten müde und ließen auch nach Feierabend noch die Augen tränen. In der Frühstückspause haben diejenigen, die in der Spritzerei arbeiten, schon keinen Appetit mehr. An manchen Arbeitsplätzen wirkten die frischen Lackgase regelrecht berauschend, und die Spritzerei wurde von einigen Kollegen auch das »Irrenhaus« genannt. Einige von denen, die schon länger dort beschäftigt waren, konnten sich nur noch mit Tabletten über Wasser halten. Ich gehe wieder einmal zum Ausbildungsmeister und beschwere mich. Nach dem Ausbildungsplan, den es pro forma gibt, sollte ich eigentlich in einer ganz anderen Abteilung sein. Er hat jetzt keine Zeit, gibt mir aber einen Termin. Ich gehe mit Thomas hin. Der Meister schenkt uns reinen Wein ein. Die Werksleitung ist nicht bereit, uns mehr lernen zu lassen, hat aber Verbindungen zum Prüfungsausschuß. Wir werden nicht durchfallen, aber auch keine guten Zensuren bekommen, Vieren, bestenfalls Dreien. Er zuckt mit den Schultern, er hat hier nicht das Sagen. Ich frage, ob wir uns nicht bei der Handwerkskammer beschweren könnten. Doch die sind auch froh um jeden Ausbildungsplatz. Er läßt durchblicken, daß es besser wäre, sich nicht mit der Werksleitung anzulegen, sonst würden wir gar nichts mehr lernen und die Prüfung wäre gefährdet. Ein Auszubildender des dritten Jahres hatte sich einmal bei der Handwerkskammer beschwert. »Dann lassen die dich nur noch in der Spritzerei malochen«, sagt er, »und du hast nicht nur hier die Scheiße am Hals, sondern der Feierabend ist auch noch versaut.«
Auch andere Kollegen haben Angst vor der Werksleitung. Viele warten nur noch auf die Rente oder sind frustriert. Als ich an der Schubkastenpresse vorbeikomme, zeige ich dem, der

jetzt dort arbeitet, die losen Steine über seinem Kopf. Er sieht mir einen Moment in die Augen, dann schreit er in den Lärm der krachenden Pressen: »Wir sind doch Arschlöcher hier, die letzten Arschlöcher! Das stört doch keinen, wenn wir hier abkratzen, wir sind doch nur Arschlöcher...«

Castrop-Rauxel: Ein Beispiel?

Eberhard Kirchhoff

Mosaik einer sterbenden Stadt: Castrop-Rauxel
oder
Eine Stadt will leben

Vorweg

Castrop-Rauxel ist nicht der lateinische Name für Wanne-Eikkel. Das ist nur ein alter Witz. Aber wo liegt denn diese Stadt, von der ich nur wenig wußte?
Sie kommen von Dortmund? Dann liegt links von der Autobahnabfahrt *Castrop* und rechts liegt *Rauxel*. Aber wenn Sie sehen wollen, wie eine Stadt stirbt, sagt der Tankwart, dann fahren Sie nach Castrop, da sieht man's am besten, da brauchen Sie nicht mal nach Schwerin zu fahren...
Was hat denn die DDR damit zu tun, frage ich.
Wirklich keine Ahnung, sagt der Tankwart, Schwerin ist der Stadtteil von Castrop mit der höchsten Arbeitslosenquote. 30 Prozent ist bestimmt noch untertrieben. Es gibt keine Zeche mehr in Castrop-Rauxel, müssen Sie wissen, es gab mal vier davon. Alle zu jetzt. Fahren Sie mal zur Schachtanlage *Erin*, die wird gerade abgerissen.

Die alte Kladde

Glückauf!
Erinplatz. Altstadtring. Die alte Zeche: *EBV-Erin*. Im leeren Pförtnerhäuschen pfeift der Wind.
Vorsicht Abbrucharbeiten!
Im Zechengelände sehe ich Bagger mit schwingenden Eisenkugeln.
Unbefugten ist der Eintritt verboten!
Bin ich ein Unbefugter? Sicher. Unbequemer Zeitzeuge. Ich stelle mir den Pförtner vor, wie er mir den Eintritt verwehrt. Die Scheiben des Pförtnerhäuschens sind zerbrochen. Papier flattert im regnerischen Sturmwind. Auf dem Boden liegt eine feuchte Kladde: Pförtnerbuch/Schacht 7. Ich blättere.

Erste Eintragung: Pförtner Gotthardt. 22 Uhr bis 6 Uhr. K.B.V. 9.2.83 – Unterschrift.
Letzte Eintragung: Pförtner Schorst. K.B.V. 22–6 Uhr. 28.9.84 – Unterschrift.
Ich habe das Gefühl, eine kleine arbeitsgeschichtliche Kostbarkeit in der Hand zu halten: die K.B.V.s von fast zwei Jahren Pförtnertätigkeit. (Ende 1983 hat die Zeche zugemacht, danach war nur noch kurze Zeit die Kokerei in Betrieb.) Keine besonderen Vorkommnisse: K.B.V., auf jeder Seite der Kladde zwanzigmal. Viele Namen, die immer gleichen Schichtzeiten, viele Gänge zu sehr viel Arbeit. Jetzt: endgültig Feierabend!
Nur zwei Unregelmäßigkeiten haben die Pförtner in die alte Kladde eingetragen: »Nr. 4733 (ein Bergmann ist damit gemeint, E.K.) meldet um 1.30 Uhr, daß ihm die Umhängetasche mit 40 DM plus Armbanduhr und Papieren (Führerschein, Fahrzeugschein, Personalausweis) in der Schwarzkaue vom Haken gestohlen wurde, 21.3.83« und weiter hinten:
»7.6.84. Schlüssel No. 37 abgebrochen! Polizei war um 4 Uhr auf der Kokerei. 2 Kripo u. 2 Uniformierte!«
Das war's.
Ein Pförtner scheint ein einsamer Mensch zu sein. Davon zeugen auch die Utensilien, die er so, als sei er gerade entlassen worden, liegengelassen hat: ein Flachmann, ein paar Basteldrähte, eine aufgeschlagene Bildzeitung, Kopien von Pornocomics, eine Werkszeitung: EBV-Report 7–8/84: Schlagzeile: Beim EBV begannen 594 ihre Ausbildung. EBV heißt: Eschweiler Bergwerks-Verein AG/Herzogenrath.

Ein Brief

Letzter Aushang der Zeche Erin/Castrop:
Herzogenrath, 26.6.85

1. Durch die Auflösung des Personalbüros ist es leider nicht mehr möglich, auf der ehemaligen Schachtanlage Erin/EBV Urlaubsreisen zu buchen. Die Grundstücksverwaltung Ruhr in Bochum-Gerthe würde sich aber freuen, wenn »Stammkunden« weiterhin eine Urlaubsreise bei EBV buchen.
2. Für Hausbrandbestellung ist jetzt die Firma Raab-Karcher zuständig.
3. Bei allen übrigen Angelegenheiten ist zuständig: EBV

Glückauf!

Ein Gedicht

Hundert Jahre Kohle
War
Nicht alles
Umsonst
Gebirge von Arbeit abgetragen
Gebirge von Wünschen geblieben
Und Täler in den Herzen gegraben
Der letzte Waggon:
Umkränzt
Von Schweißperlen/Tauben
Zu Fledermäusen mutiert
Flattern kreischend
Durch die stillgelegten Schächte
Die Morgenschichtalleen
Ruhen im Asphalt
Auf der Fensterbank vergilbt
Die letzte Tüte
In memoriam: die letzte Schicht
Good-bye: du Gekrücke und Geducke
Und Gekämpfe
Vom Sofa aus
Zeigt Kumpel Ernst
Dem Enkel ein Stück Kohle
(hinter Glas)
In memoriam: Sohle 8
Die Zukunftsangst
Verlagert sich
Nach
        Oben

Wanderweg 3 A

Ich bin in einer Castroper Kneipe. Es ist Mittagszeit, immer noch naßkalt draußen, ich will eine heiße Suppe an der Theke essen.
Ich frage die Wirtin vom »Försterhaus«, was aus den entlassenen Bergleuten geworden ist.

Förderturm ›Erin‹
Foto: Manfred Scholz

Die werden ein Jahr lang mit dem Bus woanders hingefahren, sagt die Wirtin.
Wer wird wohin gefahren? frage ich nach.
Ja, hauptsächlich die jungen Bergleute, die bei Erin lernten oder gerade ausgelernt hatten. Die bis fuffzig Jahre haben 'ne Abfindung gekriegt. Die jungen oder jüngeren Kumpels fahren se nach Ahlen, Marl und Herten auf andere Schachtanlagen. Ein Jahr lang kriegen se die Weltreisen bezahlt, dann müssen se

entweder umziehen oder allet selbst bezahlen. Nach Ahlen, dat heißt übrigens Wanderweg 3 A, weil dat immer sonne Völkerwanderung is. Viele sind schon umgezogen, ihren Kollegen und Freunden hinterher, die wollen hier nich so isoliert rummachen.

Un die Türken sind auch schon alle nach Aachen, da runter. Dat muß sich bei denen irgenswie rumgesprochen haben, dat det da noch wat für se geben soll. Aber ich weiset nich.

Dann gibt's Castroper ja bald nur noch im Museum?!

Ja, ja, Castrop stirbt langsam aus, Castrop wird langsam 'n Dorf. In den 60er Jahren hatten wir ma 90000 Einwohner, jetzt ham wir noch ganze 70000 ungefähr. In so kurzer Zeit! Da können se richtig beobachten, wie 'ne Stadt kaputtgeht oder besser gesagt: kaputtgemacht wird.

Fakten

Einige Beispiele von Pleiten und Stillegungen in Castrop in den letzten Jahren.

Zeche	etwa 3800 Leute entlassen
Ziegelei Less-Möllmann	etwa 100 Leute entlassen
Gipswerk Knauf	etwa 50 Leute entlassen
Rüttgers Werke (Teer)	etwa 230 Leute entlassen
Rawa-Rheda	etwa 130 Leute entlassen
Flander	etwa 150 Leute entlassen
Pracht-Pumpen	etwa 50 Leute entlassen
Hoffmann & Meyer (Bau)	etwa 80 Leute entlassen
Firma Otte	etwa 50 Leute entlassen
Kaufhaus Hertie (83–85)	etwa 100 Leute entlassen

Für »Leute« kann man auch Menschen sagen.

Schlagzeilen & Werbewirklichkeit

Das Ruhrgebiet – Basis des Fortschritts

›Castroper Sonntagszeitung‹ vom 5. Mai 85, gefunden auf dem Tisch des Pförtners von Zeche Erin.

Steinkohle liegt gut im Wettbewerb

EBV-Report 7–8/84, gefunden in einer Hecke am Werkstor der Schachtanlage Erin.

Neben dem Bergbau ist die Stahl-
industrie das wichtigste Standbein
der Ruhr-Industrie!
Revierreport 1985 vom Kommunalverband Ruhrgebiet

Castrop – Europastadt
Auslage beim Arbeitsamt aus einer neuen Werbebroschüre der Stadt Castrop

Ein Text

ZEITGEFÜHL
W eiße Kragen: Schwarze Wagen: Flick befragen
U nser Land: Unterpfand? – Unterland?
T anz Vampir! Schnaps & Bier: Geld regier...!

Aydin S. (23), Castroper Bürger

Das Zechengelände noch frisch in Erinnerung: ein- und ausfahrende Schuttfahrzeuge, Abbruchbagger: riesige Eisenkugeln schwingend, einstürzende Mauern (die Waschkauen?), der freigesprengte einsam aufragende Förderturm, ein Helm liegt weggeworfen im Gras... -
Ich schelle an einem Wohnhaus nahe der Zeche. Eine junge Frau öffnet die Türe: ob sie etwas Zeit habe, mir ein paar Fragen zum Thema Arbeitslosigkeit und Zeche und verändertes Leben vor Ort zu beantworten...
Nein, aber ganz oben wohne ein ehemaliger Bergmann, wie der heiße, wisse sie nicht, kenne überhaupt keine Leute im Haus, im übrigen führen die Autos noch so wie früher am Haus vorbei...
Ganz oben.
Ein junger Ausländer. Ich trage mein Anliegen vor. Aydin S.: er sei Türke. Komm rein – einen Tee? Gern, danke, hast du heute frei? Nein, ich habe für heute einen Krankenschein. Eine Junggesellenbude, Matratze auf dem Boden, Stereoanlage mit
Kopfhörer daneben, ein Tisch, zwei Korbsessel, Katzenfutter

an einem selbstgebastelten Katzenkletterbaum, an der Wand ein türkischer Teppich...

Ich bin 23 Jahre alt, wohne seit 16 Jahren in Castrop. Bin ein echtes Kind von hier. Seit die Zeche zu, viel bessere Luft hier auf Balkon, und viel heller die Luft, stinkt nich mehr so nach Schwefel. Bin zwei Jahre arbeitslos gewesen, bis vor kurzem. Jetzt hab ich einen Job als Fahrer. War ganz unten, total im Arsch, wär kaputtgegangen – wie viele deutsche und türkische Freunde – wenn ich den Job nich gekriegt hätte. War nich Bergmann, aber mein Bruder. Hab aber für Zeche transportiert. Dann keine Aufträge mehr. Jetzt bin ich Fahrer, weil Fuß verstaucht, heute Krankenschein. Meine Freunde sind fast alle arbeitslos. Die hängen – wie ich vorher – jeden Abend inner Spielhalle rum. Gibt in Castrop jetzt sieben (!) neue Spielhallen.

Aber die haben doch gar kein Geld dafür, sage ich.

Nein, aber wo soll man sich sonst treffen in diese kastrierte Castrop, in den Spielhallen ist es warm, sind alle Kollegen, wollen alle wat gewinnen, leihen sich gegenseitig Geld, einer gewinnt immer, aber, ich glaube, man hat überhaupt kein Verhältnis zum Geld mehr nach einiger Zeit, ist einem allet egal, und nach zwei Wochen ist dat Geld bei vielen weg, und dann stehen sie da, total im Arsch, manchmal lassen sie sich Scheiße einfallen, bohren die Geldautomaten an oder machen um ein Geldstück einen Faden, um dann immer damit weiterzuspielen, viele sind verheiratet, die Frauen sitzen zu Hause, manche, wenn sie keine Kinder haben, kommen auch schon mal mit in die Spielhalle, das Wichtigste is aber, dat man sich trifft, nich allein is. Aber die Luft is etwas besser, komm mal mit auf den Balkon...

Ja, aber ich habe doch gar keinen Vergleich, sage ich.

Egal, wenn schon allet so düster in Castrop, wenigstens die Luft is besser, man kann weiter sehen, dahinten z. B., da is Hertie, die machen jetzt auch zu...

Was sind das für Bilder, frage ich. An der Wand hängen etwa sechs mit Aquarellfarben und drei mit Kohlestiften gezeichnete und ausgemalte Bilder. Porträts, Stadtlandschaft, Surreales...

Seit ich wieder Arbeit habe, bin ich öfter zu Hause und male, aber noch nich so gut.

Politische Verhältnisse im Castrop-Rauxeler Rathaus

SPD	54,3%
CDU	33,0%
GAL	10,1%

Hertie – ein Großkaufhaus wird dichtgemacht

Warum nur Hertie in Castrop? Ausgerechnet?! *Eine Verkäuferin*

Aber in Dortmund und Wanne doch auch! *Eine Betriebsrätin*

Eine handfeste Vermutung:

»Mir scheint, es ist kein Zufall, daß in auffallend gleichen Wochen drei Hertie-Kaufhäuser in Norddeutschland geschlossen werden, wo genau zu derselben Zeit drei Karstadt-Kaufhäuser in Süddeutschland geschlossen werden. Mir scheint dies eine Absprache der Konzerne zu sein. Sie teilen sich die Marktanteile in der Bundesrepublik nach ihrem Gutdünken auf. Mir scheint, daß selbst die kommunalen Politiker nicht mehr wissen, was mit ihrer Stadt geplant wird.« *Ein Gewerkschafter*

Man redet in Castrop davon, daß ein amerikanischer Konzern auf dem Gelände der ehemaligen Zeche *Erin* eine Art *Ruhrpark*, ein Einkaufszentrum errichten will. *Ein Mitglied der DKP und Betriebsratsvorsitzender von Hertie in Castrop*

Aber wer soll denn da kaufen, wenn keiner mehr hier wohnt? *Eine Betriebsrätin*

Die Jugendlichen 1

Gisela S. (25), arbeitslos

Ich bin Facharbeiterin: Maler- und Lackiererberuf. Bin nach der Lehre entlassen worden. Hab jetzt 650,– DM. Aber ich hab keine Langeweile, ich bin aufgrund des § 41 Arbeitsförderungsgesetz in einer Schulung von VHS und Arbeitsamt. Wir sind eine Frauengruppe, die sich jeden Tag von 8.15 bis 13.00 trifft. Na ja, das ist im Grunde alles nur Beschäftigungstherapie. Aber die Frauen sind nett. Ab und zu verdiene ich mir Geld durch Schwarzarbeit hinzu, z. B. in einer Kneipe die Wände neu verputzen. In Castrop ist nichts los, in den Jugendheimen sind dauernd Schlägereien, da geh ich nich mehr hin, da sind auch immer die älteren Jugendlichen, die keinen Job haben, bis an die 30 Jahre alt, sind blau und fangen an zu stänkern, dauernd fährt Polizei die Lönsstraße rauf, besonders freitags abends. Ich bin meist zu Hause und lese, zuletzt Sinclairs ›Liebesmaschine‹. Ich hab nix gegen Männer, aber heiraten würd ich nie, so bin ich unabhängiger. Außerdem spiel ich Fußball bei ›Adler Rauxel‹, also 'ne Damenmannschaft natürlich. Ich bin Rechtsaußen. Dadurch hab ich 'ne Menge Abwechslung. Aber schreiben Se nich meinen richtigen Namen, sonst komm ich im Verein ins Gerede, dat will ich nich. Werd bald sicher wieder 'n Job kriegen, wahrscheinlich wieder in Hagen, bei 'ner Lackfabrik, hier in Castrop is ja nix.

Früher standen hier die Penner
Zehn Jugendliche stehen bei Hertie am Eingang. Nebenan Geschäftigkeit vom Weihnachtsmarkt. IG Metaller verteilen Infos zum § 116. Warme Luft kommt aus dem Eingangstunnel. Die Jugendlichen, alle unter 18 Jahre, reden über die Fete vom Samstag. Ich frage sie, was sie hier machen. Reden, unterhalten, sagen sie. Hier stehen wir immer, jeden Tag. Unsren Eltern sagen wir, wir gehen in die Stadt. Aber für Cafés oder so was haben wir kein Geld, deshalb stehen wir immer hier, hier ist es schön warm. Früher standen hier immer die Penner, jetzt stehen wir hier, so is dat eben.

Ein zweiter Text

Herr F. und die Formulierung
»Privateigentum hin, Gemeineigentum her«, sagte Stahlmanager Dr. Rohwetter, »unser Stahl kann so und so kaum noch verkauft werden.«
»Ich weiß nicht, ob ich Sie richtig verstanden habe«, sagte Herr F., »aber Ihre Formulierung: ›Privateigentum ist hin, Gemeineigentum muß her‹ gefällt mir gut!«

Höret unsre Geschichte
Vor Hertie, in der Fußgängerzone, singen Jugendliche (aber auch »ältere Semester« sind dabei) Lieder gegen die Schließung von Hertie Castrop und gegen die Aushöhlung des Streikrechts.
Zwei Kampfaktionen haben sich hier vereint: Transparente, eine Songgruppe, ein Bänkelsänger.
Flugblätter: äußere Zeichen einer Demonstration von direkt und indirekt vom Sozialabbau Betroffenen, viele Jugendliche mit Buttons ihrer Gewerkschaft. Sie singen laut. Ich weiß nicht, ob aus Wut, aus Hoffnung, oder aus Trotz...
Oder aus allem...

Jochen Meier

Solche triffst du überall

»Sie werden bereits erwartet, man hat eben angerufen«, sagte der Pförtner beflissen, als wir in sein Häuschen am Zechentor traten. Erich hatte ich vorher instruiert: »*Glückauf* mußte hier sagen, ist so üblich aufm Pütt.« Wir beide hatten eine Reportage über die Schachtanlage vor, die zur Stillegung anstand. »Sachzwänge« – wie die Ruhrkohle das so schön formulierte – bedingten die Schließung.

Durch dieses Tor ging ich 1948, kurz nach der Währungsreform, zum ersten Mal. Ich trug eine verblichene schwarzgefärbte Amiuniform, unter dem Arm meine paar Habseligkeiten. Vor der Tür, zu der man mich wies, stutzte ich. »Betriebsführer« stand daran. Und ich glaubte, nun sei Sense mit den Führern. Nicht so im Bergbau, wo sich das hierarchische System gehalten hatte. Kein Wunder, saßen doch die Direktoren und Inspektoren, die einst Rüstungsminister Speers Förderquoten bereitwillig erfüllten, wieder in ihren Sesseln. Fachleute, immer und überall verwendbar.

Wir trabten zum Verwaltungsgebäude, Erdgeschoß, erste Tür links. Erich klopfte, trat ein, ich hinterher. Am Tisch saßen drei Männer: Betriebsführer übertage, ein jovialer Typ, bei den Kumpels beliebt, wie ich wußte. Den Betriebsrat, von der Übertagebelegschaft gewählt, kannte ich flüchtig vom Sportplatz her, sein Sohn spielte in unserer Ersten. Den dritten Mann wußte ich nicht einzuordnen. Brauner Cordanzug, Oberhemd und Schlips, alles sehr modisch. Ich in verschossenen Jeans und Anorak, Erich wie immer in Gammelhosen und Lederjacke, ob Dichterlesung oder Industriereportage. Vorstellung, Händeschütteln, Platznehmen.
Erich erläuterte seine Vorstellungen: Zahlen und Fakten sind bekannt, er möchte sich übertage ein bißchen umsehen, Eindrücke gewinnen. Ich, dreißig Jahre Malocher hier, sollte das Menschliche hinzufügen, aus meinem Erfahrungsschatz plaudern. Er sagte wirklich »Erfahrungsschatz« und zwinkerte mir dabei zu.

> Erfahrungen: Vorgesetzte zwischen Baum und Borke, die sich durch die Bergschule quälten und nun, mit dem Anstellungsvertrag im Gelsenkirchener-Barock-Wohnzimmerschrank, zu Gegnern ihrer ehemaligen Kollegen manipuliert wurden. Manche zerbrachen daran. Besuchergruppen, in weiße Englischlederanzüge gekleidet, das blauweißkarierte Halstuch modisch um den Hals geschlungen, die uns verschwitzte, verdreckte Vor-Ort-Leute wie fremde Wesen anstaunten, trotzdem nie ein Wort an uns richteten. Besuch im Zoo? Betriebsräte, die »toffte« waren und andere, die sich den Direktionsetagen andienten. Kumpel, die das Wort »Solidarität« kaum schreiben konnten und dennoch praktizierten und andere, die einen »in die Pfanne hauten«. Hitze, Gefahr, Knochenarbeit – soll ich mich beklagen? Mich zwang doch niemand, tausend Meter runterzufahren, um dort mein Geld zu verdienen...

Räuspern, Husten, Abwägen. Ich fingerte die erste Zigarette aus der Packung, wartete auf die Reaktion. Der Cordmann, Pressefritze der RAG, schien hier das große Sagen zu haben. Ich erinnerte mich an den Artikel, den Erich gegen den Widerstand des Zeitungskonzerns durchboxte, in dem ich mir die Untertagemaloche von der Seele schrieb, Rundumschläge gegen Unternehmer, aber auch Gewerkschaft. Und beide sind sehr nachtragend.

Der Cordmann beäugte mich mit kalten Augen. Hoffentlich lasse ich mich nicht von dem provozieren, bin sowieso immer zu emotionell. Vielleicht täuscht der erste Blick, und er ist gar kein Widerling.
»Ach, Sie sind das, der Autor?« Woher weiß der das, ich hab doch 'nen Allerweltsnamen, und die wenigen Veröffentlichungen in Anthologien oder im Rundfunk kennt kaum einer?
»Ja, der bin ich«, sagte ich und rechnete damit, daß er mich rausschmeißt. Hoffentlich ließ mich Erich nicht im Stich, sonst wäre ich der Blamierte.
Doch Cordmann akzeptierte achselzuckend meine Anwesenheit.

In den siebziger Jahren muß das gewesen sein, als ich den Obersteiger mal wegen Sever ansprach. »Wissen Sie, Obersteiger, der Junge ist gut, geht mit dem Bohrwagen um wie ein Alter, ist mir mehr als eine Hilfe. Aber sein Lohn, Obersteiger... Der hat mir die Abrechnung gezeigt, wirklich beschissen, also ehrlich, Obersteiger.« Ich erfuhr nun, daß dem Obersteiger nur eine gewisse Lohnsumme zur Verfügung stünde, wenn ich meinen türkischen Kollegen so hoch einschätzte, sollte ich doch auf einen Teil meiner Prämie verzichten und sie ihm zukommen lassen...
Als ich die Steigerstube verließ, stand Sever davor, schaute mich fragend an. Ich schämte mich und ging davon.

»Na, was wollnse denn nun sehen?« Der gemütliche Betriebsführer erhob sich. Helme wurden verteilt. Cordmann hatte Schwierigkeiten, in den nach Wäscherei riechenden Englischledermantel zu kommen, der Betriebsführer äußerte sein Bedauern, daß leider kein passender greifbar wäre. Cordmann war gnädigst einverstanden.
Ich feixte. Da schicken die extra einen aus Dortmund, nur weil ein kleiner Reporter mal über die Zeche gehen will. Haben die etwas zu verbergen? Soll mir scheißegal sein, ich will doch nur Erich helfen. Wenn der hier allein mit dem Cordmann rumlaufen würde, der würde dem sonstwas erzählen. So ein Junge, frisch von der Uni an die Zeitung. Hinterher hätte er geglaubt, der Bergmann käme gleich nach dem Bundestagsabgeordneten, der Betriebsrat, der seinen Kopf nur zum Nicken hat, hätte von Mitbestimmung geschwafelt, von »alle in einem Boot« wäre die Rede gewesen.

Randzeche im östlichen Ruhrgebiet, »Familienpütt« sagte man. Hier war seit Generationen der Arbeitsplatz, anderes gar nicht vorstellbar, auch nicht vorhanden. Die nächste Schachtanlage war fünfzehn Kilometer entfernt. Schule wurde nicht so wichtig genommen: »Hauptsache, was in die Arme, Junge, dat brauchste auf de Zeche!« Die Woche über anfahren auf verschiedenen Schichten. Der Garten. Die Tauben und der Fußballklub. Die Löhne immer etwas niedriger als im Innern des Reviers und ein gewisser Stolz auf »unseren Pütt«. Manchmal kann ich es kaum glauben, daß die Großväter meiner Kollegen 1920 der Reichswehr hier in der Gegend eine empfindliche Niederlage beibrachten, holten einfach die Knarre aus dem Stall hinterm Haus und zeigten den Weißen, was eine Harke ist.

Fragen nach Erichs Vorstellungen. Der bat treuherzig darum, doch den Weg nachvollziehen zu dürfen, den ich 30 Jahre latschte, also Kaue, Lampen- und Filterbude, Markenkontrolle und Schacht. Vorschlag von der Werksseite: Erst zum Schacht. Auch gut, wir nickten.
Schacht II, Fahrstuhl bis nach oben zum Balkon. Schönes Erlebnis, so hoch über der Gemeinde. Warum durfte ich früher, als ich noch hier arbeitete, diesen Anblick nie genießen? Dreißig Jahre, und immer nur die tausend Meter runter.
Ich suchte unser Haus. Erich knipste in alle Himmelsrichtungen. Klitzeklein die Autos auf dem Parkplatz. Winzig auch die beiden Kumpels, die eine Bahre hinter den Sanitätsraum brachten.
»Guck mal, Erich, da hamse 'nen Verletzten rausgebracht.«
»Klar, der Krankenwagen fuhr doch gerade ab, haste den nicht gesehen?«
Unsere drei Begleiter enthielten sich jeglichen Kommentars. Schämten sie sich, weil es hier Verletzte gab? Mein Gott, ich habe genug Macken am Körper, der Berg richtet sich nun mal nicht nach den Unfallvorschriften.

Mit Unfällen hatte ich all die Jahre Schwein. Ja, da mal eine Platzwunde und dort eine, nichts Dramatisches. Im Unfallkrankenhaus behandelten sie einen – vor allem nachts – als lästiges Übel, das sie von der Flimmerkiste und dem Romanheftchen abhielt. Überhaupt die Knappschaftsärzte! Typen gab es, die waren klasse, holten sofort den Block mit den

Arbeitsunfähigkeitsbescheinigungen hervor, ehe man ein Wort äußerte: »Na, wie lange willste denn ausspannen?« Ein anderer befahl mir, als ich bei ihm mit einer Gehörgangentzündung aufkreuzte, mich zum Facharzt »in Marsch zu setzen«. Ich entgegnete, daß ich mich seit fünfundvierzig nirgendwohin mehr in Marsch setzte – oder sei er der Arzt von Stalingrad. Bei dem hatte ich's verschissen...

Die Fördermaschine. Erich verliebte sich in die schöne alte Dampfmaschine von 1901, die noch immer ihren Dienst versah. Der Cordmann erklärte, nach der Stillegung habe die nur noch Schrottwert, die könne jeder mitnehmen, der Interesse dafür habe. Erich sah ihn nachdenklich an. Platz genug habe er schon in dem riesigen Wohnzimmer, in dem er mit einer Wohngemeinschaft hauste. Der Rhythmus der Kolben könnte sicher einen erotischen Reiz auf ihn ausüben, nur mit dem Dampf, das gäbe Schwierigkeiten. Cordmann schien keinen Sinn für Humor zu haben. Ich wollte ihm deshalb nicht böse sein und fragte, ob denn noch Grubenfahrten für Besucher veranstaltet würden. Da bekam ich sofort eine in die Weichen. »Touristenfahrten« gäbe es nicht mehr. Aha! Meine Frau war ganz gewiß keine Touristin, als sie vor Jahren mit der Volkshochschule mal unten war. Viel bekam sie in der kurzen Zeit nicht mit, aber die Hitze, der Staub, der Lärm. Seitdem verstand sie mich besser, wenn ich nach der Schicht geschafft in einen Sessel sank und mir eine Flasche Bier an den Hals setzte.
Versucht der Cordmann jetzt, mich kleinzumachen? Da mußte er früher aufstehen, das versuchten die dreißig Jahre lang und schafften es nicht. Es gefiel ihm ganz sicher nicht, als ich den Betriebsrat nach dem Direktor fragte, der neulich am Infarkt starb, und bedauernd hinzusetzte, daß Direktorsein doch wohl ein hartes Brot wäre. Hätte mich der Cordmann als Menschen empfangen, wären diese Zeilen wohl nie entstanden.
Was meinst du, Erich? Du grinst und wiegst den Kopf. Ich hätte dir gern anderes gezeigt, dir Kumpels vorgestellt, mit denen du gequasselt hättest, wäre mit dir in die Steigerkaue zum Bierautomaten gegangen – wir Kumpels hatten nach der Schicht auch Durst, mußten uns dort eine Pulle erbetteln. Klamotten hätte ich heruntergeholt, die in der Mannschaftskaue dort oben an Ketten hängen. Der Cordmann erklärte dir, daß die so herrlich trocknen – ich stieg immer in klamme feuchte Hosen. So viel Trocknung gibt es gar nicht, wie Kumpels schwitzen.

Früher schleppten wir das dreckige stinkige Zeug zum Waschen nach Hause. Dann gab es – ein echter Fortschritt – Tarifvereinbarungen, Arbeitskleidung wurde gestellt und gereinigt. Doch es ging immer tiefer, wurde immer wärmer. Nach einer Schicht standen die Hosen vor Dreck, Schweiß und Öl, viele arbeiteten nur in Badehosen. Die Grubenanzüge wurden nach jedem Waschen kleiner, wer weiß, welche Waschmittel verwandt wurden.

Merkwürdig ist es schon, daß die glauben, uns durch so einen einschüchtern zu können. Halten die uns wirklich für doof? Hinterher, in der Kneipe, hast du doch mehr erfahren, als denen lieb ist, Erich. Irgendwie ist das verrückt. Wir beide sind doch keine Chaoten, wollen denen doch gar nichts. Nur, weil ich hier in der Ecke als Linker verschrien bin. Dabei wollten wir nichts anderes als 'ne flotte Geschichte über den Pütt. Dafür holen die nun extra so einen hochbezahlten Typ aus Dortmund. Wenn aber der Kumpel ein paar Minuten zu früh ausfährt, ziehen sie ihm eine Stunde ab und die Bergmannsprämie ist für diesen Tag im Eimer.
Als ich jung war, wollte ich Journalist werden, hat nicht geklappt. Heute bin ich manchmal froh darüber. Stell dir vor, Erich, ich wäre so einer geworden wie der Cordmann! Loyal bis zu den Hühneraugen seinem Brotgeber gegenüber, ich müßte »Sie« zu dir sagen und immer einen Schlips tragen. Ob solche Leute richtig gezeugt werden, so auf die schöne alte Art? Oder werden sie auf Kosten des Unternehmensverbandes in Retorten hergestellt?
Nee, Erich, die Story schreiben wir beide zu Ende, jetzt erst recht. Aber die nächste – ich bitte dich – müßten wir über eine Brauerei schreiben, da sind wir beide kompetent.
(Du, jetzt, wo ich das geschrieben habe, kriege ich ein bißchen Angst, ich glaube fast, solche triffst du überall.)

Selbstverwaltung: Eine Alternative?

Ulrich Land

Avanti Avanti

Selbstverwaltung auf Rädern

»Da haste dann 'nen Mammutumzug geregelt, mordsmäßig, 14 Meter Lastwagen sind gerammelt voll mit Umzugsgut und heil angekommen an der neuen Butze von den beiden. Du hast 180 Bücherkisten in den weiß ich wievielten Stock geschleppt, von morgens acht bis abends sechs, alles paletti, die 14 Meter Lastwagen hast du komplett umgestülpt wie deine Hosentaschen und alles nach oben geliftet. Da fehlt auf einmal dieses verdammte Körbchen. Alles ist da, aber dieses Körbchen. Da war Geld und 'ne Kamera drin. Also, sie tät's ja nicht gern, sagt die Ziege und ruft am nächsten Tag im Büro an, aber sie hätte den Verdacht... Ich gleich wieder hin, würde meine Hände ins Feuer legen für meine Kollegen, für die könnt' ich mich verbürgen, alle. Ja, ja, aber dies Körbchen, und genau das und nur das würd fehlen, wo doch all die Wertsachen drin gewesen seien. Ich rede mit Engelszungen wie auf einen kranken Gaul ein, mir steht der Schweiß auf der Stirn.

Und vier Stunden später: Natürlich hat sich in all den 14 Metern Lastwagen das Körbchen versteckt unter Bergen von Gerümpel im Flur. Also es ist wieder da. Und täte ihr auch leid, daß sie so voreilig gewesen sei und, und, und.

Und was sind das für Leute? Ein AL-Abgeordneter und seine Frau, 'ne Lehrerin. Das sind se, die Alternativen!«

Sieben Leute im tiefsten Kreuzberg haben sich zusammengetan, um für andere umzuziehen und davon zu leben. Keineswegs hat man's zu tun mit jungdynamischen Unternehmersöhnchen (oder -töchterchen), hier geht's gemeinsam zu, zusammen wird gewirtschaftet, Lkw gefahren und repariert, verwaltet und verdient, das verdammte Klavier gepackt und angeeckt, gestritten und zusammengehalten: »Alle machen alles und das gleiche Moos.« Orwell soll Lügen gestraft werden: Alle sind gleich, alle, nicht einer ist gleicher. So die ungeschriebenen Statuten, die sich die Avanti-Leute vor zwei Jahren selbst mit auf den Weg gaben. Leere Kollektiv-Ideologie-Hülsen oder Praxis?

»Keine Lust auf Arbeitslosenfrust«, so das denkbar einfache Hauptmotiv für Andreas, ausgebildeter Bauingenieur mit Schwerpunkt im Bereich alternativer Verkehrsplanung:

> »Anderthalb Jahre arbeitslos, dann zehn Monate beim Sklavenhändler, also Zeitarbeit als Bauingenieur, dann noch mal zwei Monate arbeitslos und noch mal Bewerbungen rausgeschmissen, pfundweise, mit meiner letzten Energie, alles probiert noch mal. Und kapiert, daß ich selber was auf die Beine stellen will.«

Und wenn schon die Wendepolitik ihm keine Chance sinnvoller Berufsausübung mehr ließ, wollte er wenigstens an ihren spärlichen Früchten nicht spurlos vorübergehn: »Gastarbeiter-Export«. Auf diese »heiße Idee« kam im März '83 sein persischer Leidensgenosse; Freitag abend trafen sie sich, Sonntag war die Bundestagswahl:

> »Wo die CDU dann gewonnen hat, und da war für mich dann klar, was ich machen wollte als Verkehrsplaner, war sowieso nicht mehr zu machen. Und da haben wir Montag einen Lkw gekauft, 'ne Schrottmühle«,

um für Gastarbeiter den »Rückzug« ins Heimatland abzuwikkeln.
Aber:

> »Du bist nie auf deine Kohle gekommen und schließlich hast du ja auch schließlich en Gewissen noch.«

Aber das Metier hat es ihm angetan: Umzüge.
Andreas bemüht sich mit Erfolg um eine Gewerbekonzession für seine »Umzugsklitsche«. Vom Höhenflug der Auslandsumzüge landet ›Avanti‹ bei Kleinstumzügen in Berlin. Und neue Leute steigen mit ein, Leute mit ganz ähnlichen Motiven: Angst vor der akademischen brotlosen Kunst oder vorm Verschlissenwerden auf dem normalen Arbeitsmarkt. Unter anderen kommen zwei Frauen, die sich aufs Möbelrestaurieren verlegt hatten, und sie schmeißen zusammen. Alles in einer winzigen Hinterhauswohnung.

> »Das war die kollektivste Phase, die wir je hatten, mit Plenas und Auseinandersetzungen, daß es nur so gekracht hat. Das

war unheimlich kreativ gewesen irgendwie für alle, und die wenigste Kohle.«

Trotzdem: Einige Leute springen wieder ab, neue kommen hinzu, und gemeinsam entschließt man sich, »den Aufriß, vergammelte Schränke abzuwienern« aufzugeben, ›Avanti‹ findet endlich ein erschwingliches Büro, 10000 Mark auf der Bank (wenn auch nur leihweise), Zugang zur (bundesweiten) »Szene der Alternativbetriebe«. Man beteiligt sich an entsprechenden »Branchentreffen«, sieht, »daß man eben nicht allein rumfährt«, baut bei diesen Treffen (auch geschäftliche) Kontakte zu süddeutschen Umzugskollektiven auf. Schließlich leistet sich ›Avanti‹ einen größeren Lkw:

»der zwar seinen Namen irgendwie verdiente, aber nicht die Kohle, die er gekostet hat, weil, der stand mehr, als daß er fuhr.«

Kohle und Gewissen

Das änderte sich erst, als ›Avanti‹ einen bleibenden Auftrag »einfuhr«, nämlich für einen (der vielen Berliner) Sanierungsträger die sogenannten »Umsetzungen« durchzuführen. Endlich ein solides ökonomisches Standbein. Die Monatsumsätze verzehnfachen sich, erstmals »springt 'ne Mark raus oder drei« für die Mit-Macher/innen und für eine konzentrierte und konzertierte Anzeigenwerbung. Aber gleichzeitig kaufen sich die Kollektiv-Möbelpacker neue und erhebliche Bauchschmerzen ein: Diese Umsetzungen bedeuten de facto nämlich, daß die Altmieter aus zur Sanierung anstehenden Häusern ausquartiert und nach Abschluß der Sanierungsarbeiten wieder »zurückumgezogen« werden. Und dergleichen Prozedere birgt durchaus die eine oder andere menschliche Tragik:

»Das fing an mit dem alten Duschek. Der ist auf Jutta mit der Latte losgegangen, das sah lebensgefährlich aus, wie's mit dem Umzug losgehen sollte. Das war'n Umzug, der lief in fünf Etappen, weil der dermaßen zugerümpelt war. 'ne Zweizimmerwohnung, so voll und siffig, hab ich noch nie gesehn, zehn Zentimeter hoch gerammelt voll mit Zeitungsstapeln überall. Der mußte klettern, wenn er irgendwohin wollte. Zehn Minuten Arbeit, zehn Minuten frische Luft schnappen,

schnappen, weil alles so zugestopft und zugestaubt war. Der hat an seinen alten Zeitungen gehangen, wie der Deibel anner Seele. Wohnte seit den Dreißigern drin in dieser Wohnung und war an die achtzig und hat seit den fuffziger Jahren jede Zeitung gesammelt. Da konntste echt alles nachlesen. Und dann wollte der natürlich nicht umgesetzt werden und hatte 'n totales Mißtrauen. Und dann kamste an, der hatte immer 'n Haarnetz aufgehabt, und wir sind sehr sozialarbeiterisch mit dem umgegangen. Wir haben ihm Bündelchen für Bündelchen die Zeitungen runtergetragen, und er mußte immer das Gefühl haben, daß wir das mit umziehn. Und wir haben alles auf die Kippe gefahren. Schleunigst. Damit das Sozialamt keinen Wind kriegt, sonst wär der postwendend in »Bonys Ranch« gelandet, postwendend.«

Da sind die politischen Gewissensbisse an der Tagesordnung:

»Ich mein, du kannst dir natürlich immer 'ne Entschuldigungsargumentation, 'ne Generalabsolution sozusagen, biegen. Auch bei diesen Gastarbeiter-Exporten. Kannst dir sagen, na ja, machst das halt und nimmst die Kerle nicht aus. Hab mir damals gesagt, nimmst keine Türken zum Runterfahren, sondern nur die, die freiwillig gehn, so Italiener und Jugoslawen, die haben die Schnauze eh gestrichen voll von Germany, während die Türken ja nun rausgeekelt werden. Aber du kriegst das alles hin vor deinem politischen Auge, so oder eben so.«

Das ist bei den Sanierungsprojekten ungleich komplizierter, sich die passende Rechtfertigung zurechtzubasteln: Da gibt's nämlich »so 'ne und so 'ne« Sanierungsträger, die mit unterschiedlichen Mieterberatungen zusammenarbeiten. Die sozial Engagierteren haben vor einiger Zeit beschlossen, Umsetzungen ohne sozialarbeiterische Betreuung, insbesondere bei älteren Mietern, nicht durchzuführen. Nicht so die Mieterberatung, die ›Avanti‹ die Aufträge zuschustert:

»Die sind in diesen Konsens, den es da gab, reingeschossen mit Dumpingpreisen. Und also sitzen jetzt Leute im April schon seit vier Wochen ohne Ofen da, alte Leute, und frieren sich den Arsch ab.«

Da prallen politischer Anspruch und ökonomische Abhängigkeiten unvereinbar aufeinander. Seit Wochen wird darüber im Plenum, einer Art zweiwöchentlichem Ratschlag, diskutiert, ein Ende ist nicht abzusehen und keine Lösung. Der neue Lkw wird »vierzig, fuffzig Mille verschlucken«, und die wollen erst mal abgestottert sein, und der letzte Kredit macht schließlich auch noch von sich reden.

Kollektiv und Konkurrenz

Und damit ist der uneingelösten Ansprüche Ende beileibe noch nicht erreicht: Denn spätestens in der »euphorischen Phase«, als die Umsätze bei ›Avanti‹ kletterten, schaltete sich die Konkurrenz ein, auf die gleiche Weise wie ›Avanti‹ selbst, durch Preisunterbietung:

> »Da ist die Konkurrenz unter den Alternativbetrieben dieselbe, wie de se überall findest auf dem Markt. So unser Hauptkonkurrent, hat angefangen genau wie wir, und das ist auch unser größtes Vorbild und unsere Abschreckung gleichzeitig. Wo sich das Kollektiv verselbständigt hat zum Unternehmen, 'ne Eigendynamik, die wir nicht wollen, wo du dich aber, wenn de dich auf den Markt einläßt, und das mußt du zwangsläufig, mit Händen und Füßen wehren mußt, dagegen.«

Alle machen alles oder auch nicht

Und schon, nach einem guten Jahr oder zwei, ist das Kollektiv in die Tage gekommen. Der Urgedanke: »alle machen alles« hat Federn gelassen. Die Fluktuation unter den Beteiligten war vor allem anfangs enorm, schon greift irgendwie Mißtrauen gegen Neueinsteiger Raum, »daß man vorsichtiger wird«. Und die Expansion, verteufelt verlockend auf der einen Seite, auf der anderen aber kratzt sie bereits am Lack des Kollektivs in der ursprünglichen Form:

> »Keine Arbeitsteilung, du kommst nach Haus, hast en Umzug gemacht, hast 200 Mark Kohle gemacht, dann legsten Drittel für'n Lkw hin, en Drittel kassierst du und en Drittel der, der mitgemacht hat. Aber's hat halt mit der Kohle vorne

und hinten nicht gelangt, die sieben Mark fuffzig, phantastischer Stundenlohn, weil eben die Unkosten so utopisch hoch warn, aber auch, weil wir insgesamt zu unproduktiv gearbeitet haben.«

Als Markenzeichen prangen auf den Lastwagen die gewichtigen drei Wörter: »Betrieb in Selbstverwaltung«, und die sind Spiegelbild der Reaktion auf diese (auch) ökonomischen Probleme: Jetzt machen nicht mehr alle alles, sondern »jeder nach seinen Fähigkeiten«, wie schon der alte Marx zu schwärmen wußte. Wurde anfangs beispielsweise das Telefon umschichtig von allen bedient, so hat sich diese Arbeit inzwischen auf zweie reduziert.

»Sonst wirst du von den Kunden geeimert: ›Ja, aber der, mit dem ich vorhin telefoniert hab, der hat gesagt, das wär 200 Mark billiger.‹ Und du kannst nicht widersprechen.«

Nahezu alle Alternativbetriebe kennen diese sich (quasi) verselbständigende Entwicklung: Angetreten mit der Vorstellung, betriebsintern (zumindest) die Arbeitsteilung zu überwinden, schält sich über kurz oder lang doch ein mehr oder minder ausgeprägtes Spezialistentum raus. In einer arbeitsteiligen Gesellschaft erweisen sich Inseln arbeitsgleicher Wirtschaft eben doch als sehr kurzlebig. Sie bekommen, so sie florieren, eine Vielschichtigkeit, die nicht mehr von allen bis ins kleinste zu durchschauen ist, und absolute Arbeitsgleichheit gewinnt schnell die

Dimension von »Blödsinnigkeit, weil eben jeder seine Steckenpferde hat«. Es geht schließlich nicht um eine Neuauflage der kleinbürgerlichen Familienbetriebe. Aber Expansion, Spezialisierung und Professionalisierung haben ihre Kehrseite: »Der jugendliche Leichtsinn geht flöten.« Es ist ernster geworden, die Tage sind kein Spielzeug mehr, und: Die Schwellen, die Türschwellen sind niedriger geworden; der »berühmt-berüchtigte ›Avanti-Charme« verflüchtigt sich, der Charme des Dilettantismus.

»Wenn früher ein Fünfhundert-Mark-Coup anstand, dann war das das Ding, haben wir uns reingelegt bis zum Geht-nicht-mehr. Heut ist das auf zweitausend geklettert. Cooler sind wir geworden, weniger aufgeregt, irgendwie schneller, besser. Nicht daß das kein Spaß mehr ist. 50 Prozent der Umzüge sind nach wie vor wie Anekdoten. Das ist geblieben, das schöne an dem Job, daß du dauernd mit andern Leuten zusammenkommst, und alle irgendwie 'ne Macke haben.
Wie diese zwei alternativen Wirtschaftswissenschaftler oder was, die dann rausgezogen sind nach Frohnau, die sich erst die Umzugsmannschaft ansehn wollten. Affenstark. Aber dann wollten se doch nicht. Schade. Hätt mir Spaß gemacht, da zur Besichtigung zu erscheinen, ob wir auch sauber sind, und dann so im Kettenhemd und mit tätowierten Muckis und dann mal richtig übern Schreibtisch zu marschieren.
Und so 'ne Mitleidsmiene haben se drauf, die meinen, sie würden sonst was für'n sozialen Akt begehen, daß se uns überhaupt en Auftrag geben. Manchmal ist es fast so, daß wir lieber für'n ausgewachsenen CDU-Schlappsack arbeiten als für so 'n echt alternativen Korinthenkacker. Hast stundenlang geknüppelt für so 'n alternativen Junglehrer, und statt en Trinkgeld setzt der uns auf die Terrasse und bietet uns 'nen Tee an. Müsli und Tee fürs alternative Möbelpackerkollektiv!«

Aus den Kinderschuhen in die Managerkrankheit

Je professioneller und spezialisierter, desto größer offenbar die Gefahr, daß die Grenzlinien zwischen den Arbeitsfeldern nicht mehr transparent und überschreitbar sind. Betriebe in Selbstverwaltung, so auch ›Avanti‹, stehen und fallen mit der Bewältigung des Urproblems überhaupt: »Kommunikation ist angesagt«, wenn wirklich und ernsthaft alle mit gleicher Kraft mitentscheiden sollen. Schließlich genau da soll (neben der Gleichheit der Stundenlöhne für alle) der kapitalste Unterschied zum normalen Betrieb liegen:

»daß de weißt wofür. Diesen Blick übern Tellerrand, über die Kaffeetasse eben, daß de spätestens beim nächsten Plenum die Konsequenzen deiner Arbeit siehst. Daß du eben selbstbestimmte Arbeit hast. In Absprache mit andern, okay.
Also ick hab wahnsinnige Schwierigkeiten jehabt, da wieder drauf zu kommen, den Mut zu haben, also det und det mach ick und so und so. Und keener ist da, der dir sacht, *da* jeht de Kuh lang vom Eis. Da mußte eben so 'ne Angst überwinden. Irgendwie, du sitzt am Telefon und kriegst en Anruf, so, und jetzt lern schwimmen.«

Und schon dreht sich die Mühle des Managertums, weil, es gibt welche, die können fast alles und treten auch nach außen energisch auf, die »Macher« eben. Diese Macher kennt nahezu jedes Kollektiv. Also sind doch einige gleicher als die andern?

»Der Laden muß laufen, da kannste dir keine Psycho-Monate leisten. Die Kohle muß stimmen. Aber ist 'ne verdammte Gratwanderung, daß de dich von diesem Markt nicht auffressen läßt mit Haut und Haaren. Die Konkurrenz hinterläßt irgendwo 'ne Lücke, und du nichts wie rein. Dazu müssen wir noch ein, zwei Konkurrenten von der Platte putzen, weil halt nur für einen Platz ist. Und dazu müssen wir mehr Werbung machen und die muß dann wieder eingespielt werden sozusagen. 'ne verdammte Eigendynamik. Wo sich unheimlich leicht Hierarchien auch festsetzen können.«

Zum Beispiel übers Büro: Die, die schwerpunktmäßig den Bürodienst abwickeln, haben im Grunde viele Fäden in der Hand, entscheiden oft ad hoc, was für alle von tragender Bedeutung ist. Einziges Korrektiv bleibt das Plenum.
Für Entwicklungen wie die beschriebenen scheinen Betriebe, die unmittelbar auf die Rückmeldung durch den Markt angewiesen sind, ungleich anfälliger als die (vielen) alternativen Kollektivbetriebe, die im »Sozialbereich rumfingern«.

»Aber das ist vielleicht auch das Interessante an ›Avanti‹, mit Idylle ist eben nüscht. Weil die Wirtschaft drumrum immer feste Ansprechpartner braucht, da kannste dich auf'n Kopp stellen. Wegen jedem Pups rufen die an und wolln den Chef sprechen, den's ja eigentlich gar nicht geben will. Und da mußte höllisch aufpassen, weil, schon biste in der Rolle. Da mußte die Bereitschaft haben, dich gegen zu wehren.«

Immerhin macht es die Leute von ›Avanti‹ stutzig, daß es gerade die beiden Frauen sind, die hauptsächlich im Büro sitzen.
Für Martina jedenfalls ist es

»absolut wichtig, so ein-, zweimal die Woche knallhart mit Hand anzulegen an diesem verfluchten Bettgestell oder Ofen oder wat. Dat die Leute dat sehn, dat ick ooch wat schleppen kann, ick meene, ist ja schließlich nicht gerade bürgerlich, dat so 'ne Frau, die eben nicht so 'n Schrank ist, aber 'n Schrank anpackt und rauf damit.«

Auch Andreas muß darauf achten, daß er vor lauter »bürokakkern« noch Möbelpacker bleibt, »und das so zwanzig Stunden die Woche, nicht weniger aber auch nicht mehr.« Das ist bei den meisten so, und da wird's schwierig, für alle noch weitere 20 Stunden sinnvoller Arbeit zu finden im Betrieb.
»Daß so Strukturen so gebastelt werden, daß dein Schwerpunkt wirklich nur 'n *Schwer*punkt ist«, das ist die Devise der späten 80er Jahre bei ›Avanti.‹

Avanti und die Revolution

Der Name verpflichtet ja sozusagen. Und? Ist bei alledem noch der Hintergrund geblieben, gesellschafts- oder wirtschaftssystemverändernd zu wirken per Ausstrahlung, also ein Betrieb zu sein, der andere Wege ausprobiert, auch damit sich großräumig was verändert?

»Impulse geben ja. Aber da gibt's natürlich Grenzen, die Zeit, deine Malocherei, überhaupt erst mal diesen kleinen Laden hier auf den Beinen zu halten. Und dann siehst du diesen Koloß Marktwirtschaft und da sollst du was dran drehn, da siehste schon Grenzen. Ein ›Avanti‹ ist noch keine Revolution.
Betriebe wie ›Avanti‹ sind, glaub ich, wichtig gegen die Phantasielosigkeit. Ja, auch für den Malocher, der jeden Tag seine Scheißarbeit macht, zu wissen, daß andre Leute auch so 'ne Knochenarbeit machen, aber mit andren, selbstgemachten

Möglichkeiten. Gegen die um sich greifende Engstirnigkeit sind diese Impulse aus der Alternativszene, finde ich, Gold wert. Die Alternative hat's geschafft, 'ne eigene, 'ne funktionierende Infrastruktur zusammenzuhäkeln. Und da sind wir halt en Mosaikstein, der allein vielleicht bißchen blaß aussieht, im ganzen aber 'ne wahre Farbenpracht auf die Beine stellt.«

Nur, nach wie vor kommen zu wenig »Normalbetriebe«, sich das Farbenspiel des Mosaiks anzugucken, geschweige denn, sich davon beeindrucken zu lassen. Und mittelfristig gedacht? Die Spatzen pfeifen's von den Dächern, und auch der hinterwäldlerischste Wirtschaftsexperte wird's wissen: Kleinbetriebe mit zehn, fünfzehn Beschäftigten sind nicht mehr up to date, werden verschluckt von den »Großen«. Und da sind die Alternativbetriebe in die Bresche gesprungen (auch wenn die Besitzverhältnisse völlig andere sind, die Arbeitsatmosphäre dürfte sich ziemlich gleichen bei »normalen« Klein- und bei Alternativbetrieben), vielleicht können sie diesen »ungenauen, unordentlichen« Wirtschaftssektor wiederbeleben, diesem Monopolkapitalismus etwas entgegensetzen.

Und wie haltet ihr's mit den Gewerkschaften

Die großen Umzugsfirmen können – ob sie's tun in vollem Umfang, sei dahingestellt – ihre Möbelpacker nach Tarif bezahlen und die (bekanntlich) von den Gewerkschaften erstrittenen sozialen Absicherungen abdecken. Die ›Avanti‹-Leute zahlen sich, und das ist für Alternativbetriebe schlechthin typisch, inzwischen mit Müh und Not 10,50 DM Stundenlohn aus, und die festen Kollektivmitarbeiter sind sozialversichert, also gehn weitere vier Mark vom mageren Kuchen ab.

»Sechs fuffzig in der Stunde: Selbstausbeutung, siehste ja. Ohne dies Dumping hätten wir aufm Markt keinen Blumentopp zu gewinnen. Diese Selbstausbeutung, das führt natürlich zu so was Elitärem, fordert bestimmte Wertvorstellungen. Wer kann das schon, wer macht das schon, also, daß dir die Unterhosen deine Mutter schickt und du bist schon dreißig. Mir ist das das Kollektiv schon wert, die schmalere Kohle. Das krieg ich ja an Lebensfreude wieder rein.
Wie auch immer. Jedenfalls eigentlich höhlen wir damit das

aus, was die Gewerkschaften erkämpft haben. Und daß da'n verdammter Widerspruch ist, aber so isses.
Der ganze Betrieb ist erst mal so angelegt, daß das jeder eigentlich nur so 'n paar Jahre macht. Wo es dann hingeht für jeden einzelnen, steht auf 'nem ganz andren Blatt. Das ist also weg von jeder sozialen Sicherheit, also absolut ungewerkschaftlich im Prinzip, etwas sehr Wackliges. Weshalb uns dieser CDU-Staat verdammt gern hat. Das sind, was weiß ich, 300000 weniger Arbeitslose, und der Alternativsektor zieht Engagement ab, wie 'n Staubsauger, die politischen Straßenkämpfer, weil se ja ab sofort genug um die Ohren haben mit ihren Klitschen. Und du schaffst irgendwie 'nen zweiten Markt. Also eigentlich spielen wir gut mit.«

Nicht von ungefähr tönte im April '86 NRWs-CDU-Vorsitzender Biedenkopf, die CDU solle die Augen nicht verschließen vor der Alternativszene, sondern sie nach Kräften unterstützen. Wie kommt der dazu, fragt man sich. Die CDU hat nicht umsonst, nachdem sie in Berlin der SPD die Macht abgehetzt hatte, umgehend ›Alternativtöpfe‹ geschaffen. Offenbar investiert man gern eine gute Mark in den Selbstverschleiß von Protestpotential. Die Alternativszene, ein zwiespältiges Politikum erster Ordnung.
Die ›Avanti‹-Leute sind sich dessen bewußt, alles aber beileibe kein Grund, die soeben erkämpften Freiheitspartikelchen aus der Hand zu geben und auf die Revolution zu warten. Und mit der hundertfünfzigprozentigen verstaatlichten sozialen Sicherheit »kaufste dir gleichzeitig hundertfünfzigprozentig den Verlust von jedem Abenteuer ein«. Leben ohne Spielwiese ist keines.
Aus diesen, auch aber aus ungleich diffuseren Gründen hat es jahrelang frappante Abschirmungstendenzen der Alternativen gegen alles gegeben, was nur einen Hauch von Gewerkschaftlichem hatte. Autonomie wurde oft mit Arroganz verwechselt. Auch oder vor allem in Gewerkschaften wurde der tausendjährige Muff ausgemacht. Umgekehrt müssen die Gewerkschaften sich die Frage gefallen lassen, wieweit sie sich den Abstand nicht auch selbst zuzuschreiben haben, »knochenstarr« wie sie sind in ihren Vorstellungen. Die Berührungsangst der Gewerkschaften mit allem »Alternativen« scheint kaum minder diffus als die Abgrenzungsnöte der anderen Seite. Jedenfalls haben die Gewerkschaften »absolut kein Bein in der Alternativszene«

aus Angst, ihre heimelig sicheren Gefilde einzutauschen gegen wenngleich blumenreiche, so doch heikle Moorwiesen. Von materieller Unterstützung alternativer Betriebe durch Gewerkschaften ganz zu schweigen. Und das, obwohl dieser Sektor inzwischen eine beträchtliche Zahl von Arbeitskräften an sich bindet.

ne ständige Lehre, ohne daß de Stift bist

> »Im Grunde ist man ja doch und noch verdammt dicht dran an den stinknormalen Problemen, die man in jedem Scheißarbeitsalltag auch irgendwie hat!«

Vom Inseldasein meilenweit entfernt; die gesamtwirtschaftliche Situation spiegelt sich auch bei ›Avanti‹ gestochen scharf. Selbstausbeutung hin, Selbstausbeutung her, »schließlich mußte ooch als waschechter Alti Miete berappen und, und, und«.
Arbeitsteilung, Langeweile, der neue Büroschreibtisch, persönlicher Knatsch, schleichende Hierarchien, die neue Werbekampagne, Professionalisierung vorwärts, rückwärts, all das aber bleibt Gesprächsthema, wird nicht unterm Tisch gehandelt, sondern auf dem Plenum, Veränderungen bleiben weit eher machbar als in einem felsenfest strukturierten Betrieb. Auch wenn es oft schwierig ist, alles und jedes zu hinterfragen:

> »Das mußte alles wieder neu lernen, wie so 'n Kind, weil se dir diese Fragehaltung gehörig weggeblasen haben, bis de zwanzig bist.«

Hier tun sich keine himmelhochjauchzenden Idyllen auf, aber die Chancen eines *prinzipiell* offenen Diskussions- und Erfahrungsforums:

> »Ich kann hier dauernd lernen.«

Gerade deshalb können sich trotz allem alle ›Avanti‹-Leute kaum vorstellen, je wieder in anderen, nicht selbstverwalteten Betriebszusammenhängen zu arbeiten.

> »Weil irgendwie arbeitste nicht nur, du lebst mit dem Projekt. Und irgendwie das Gefühl, es liegt in deiner Hand.«

Franz Scheidel

Die Krebsmühle: Alternativfabrik – Fabrikalternative?

Mit dem Begriff Alternativbetrieb verbinden sich viele Vorstellungen: vom Arbeiten ohne Frust, Betrieb ohne Chef, Aussteiger, Müslifreaks, unrealistische Spinner. Wir wollten es etwas genauer wissen. Quasi vor unserer Haustür befindet sich einer der größten Betriebe dieser Art: Die Krebsmühle in Oberursel bei Frankfurt. Heimlich, still und nicht immer leise hat sich in den letzten Jahren ein ganzer Wirtschaftszweig entwickelt, der versucht, mit anderen Methoden zu arbeiten, die Mitarbeiter an allen Entscheidungen zu beteiligen, Arbeit und Leben enger miteinander zu verbinden.

In einer Zeit zunehmender Firmenkonkurse, Betriebsschließungen, verschärfter Rationalisierung und wachsenden Drucks des Kapitals auf die Arbeiter ist das Interesse an neuen Betriebsformen gewachsen. Daran muß ich denken, wenn ich jeden Morgen am frisch renovierten Gebäude meiner ehemaligen Firma vorbeikomme, die gerade die Tore geschlossen hat. Daran muß ich auch denken, als wir auf den Hof der Krebsmühle einfahren.

Der Bau erhebt sich trotzig zwischen einem Gewirr von Autobahnen, am Rande der S-Bahn-Strecke von Frankfurt in den Hochtaunus. Von weitem sieht man die rote Backsteinfassade, den wuchtigen Mühlenturm. Auch ohne Hinweisschild ist die Einfahrt nicht zu verfehlen. Schon den ganzen Morgen ist ein leichter Nieselregen niedergegangen, der Boden ist aufgeweicht. Auf dem Hof stehen zehn bis fünfzehn Autos, normal für einen Werktag. Überall an den Wagen Aufkleber: gegen Atomkraft, für Frieden. Früher war hier eine Brotfabrik, doch schon lange ist die Backstraße stillgelegt, sind die Öfen abgeschaltet.

An der Eingangstür hängt ein Plakat, das zur Solidarität mit den Unterdrückten in Südafrika aufruft. Der Raum hat etwas von einem Wohnzimmer, mit alten gemütlichen Möbeln. Erst auf den zweiten Blick erkennt man die Kneipe. Auf den Tischen Rotwein in langstieligen Gläsern, Spaghetti bolognese. Wir gehen zur Theke, stellen uns vor. Der Empfang ist freundlich. Bevor wir Thomas zum Büro folgen, nehmen wir schnell

einige der ausgelegten Zeitungen mit. Der Weg führt über eine steile Wendeltreppe nach oben. Das Büro ist zweckmäßig karg eingerichtet. Zwei Schreibtische, an den Wänden Regale mit Ordnern, in einer Ecke die Telefonanlage.
Thomas und Aggi haben es übernommen, unsere Fragen zu beantworten und uns den Betrieb zu zeigen. Aggi ist von Anfang an in der Krebsmühle: »Damals, so vor zehn Jahren, waren wir eine Gruppe mit vor allem sozialarbeiterischen Ansprüchen. Wir waren oft im ›Elfmeter‹, eine Rockerkneipe zu finden. Die ganze Situation damals, die Arbeitslosigkeit und so führten zur Gründung der ASH, damals noch Arbeitslosenselbsthilfe. Mit der Rockergruppe zusammen organisierten wir Umzüge und Transporte. Es gab natürlich eine ganze Menge Auseinandersetzungen, z. B. darüber, wie wir arbeiten wollten. Schließlich kam es zu einer Trennung. Trotzdem wuchs die Gruppe wieder an, auch das Haus in der Schuhfabrik Bonames wurde zu klein. 1977 dann wurde uns die Krebsmühle angeboten. Viele Freunde rieten uns ab. Aber wir fanden auch Unterstützung, und schließlich haben wir den Schritt gewagt.«
Thomas ist noch nicht so lange im Betrieb, aber auch er ist selbstbewußt und engagiert in seiner Arbeit, die er mit und im Kollektiv leistet. Mittlerweile arbeiten in den verschiedenen Betriebsteilen über sechzig Mitarbeiter, nur noch wenige wohnen auch in der Krebsmühle. Alle jedoch werden im Betrieb verpflegt, alle sind in ihren jeweiligen Arbeitsbereichen an den Entscheidungen beteiligt und alle haben die Möglichkeit, an den wöchentlichen Plenumsversammlungen teilzunehmen.
Thomas berichtet: »Natürlich steckt in unserer Betriebsgröße eine gewisse Problematik. Nicht alle Mitarbeiter wohnen auch hier, haben unterschiedlich starke Interessen an der Entwicklung des Betriebes. Es gibt unterschiedliche politische Vorstellungen darüber, was ein selbstverwalteter Betrieb für den einzelnen bedeutet. Heute ist es einfach nicht mehr möglich, daß die Arbeitsplätze im Rotationsverfahren gewechselt werden. Das hängt zum einen damit zusammen, daß wir eine Vielzahl sehr unterschiedlicher Arbeitsplätze haben, zum anderen aber auch, daß wir unsere Arbeit um ein gehöriges Maß professionalisiert haben. Das mußten wir auch, schon um die immensen Kosten decken zu können. Das kommt auch den Fähigkeiten der Leute entgegen, die so besser Teams bilden können, die gut miteinander zurechtkommen.«
Man spürt, daß den beiden Kollegen die Arbeit Spaß macht,

daß sie bereit sind, ein tätiges Beispiel für die Vorzüge eines selbstverwalteten Betriebes zu liefern.
Gerade wegen der Größe des Betriebes ist natürlich auch das Interesse der Öffentlichkeit sehr groß. Es hat Zeiten gegeben, in denen sich bald ebenso viele Besucher wie Kollektivmitglieder in der Anlage aufhielten. Dies war auf die Dauer nicht zu verkraften, heute achtet man darauf, daß nicht zu viele Neugierige anwesend sind oder Leute, die meinen, ohne Chef zu arbeiten bedeute gar nicht oder unregelmäßig zu arbeiten.
Bevor wir mit unserem Rundgang durch die einzelnen Betriebsteile beginnen, sprechen wir noch zwei wichtige theoretische Grundlagen an. Da ist zum einen die Selbstverwaltung, ein Prinzip, das demokratische Strukturen, Mitentscheidung, Mitverantwortung für jeden einzelnen bedeutet. Dieser Begriff ist viel besser geeignet, etwas über die Struktur des Betriebes auszusagen, als das Wort Alternativbetrieb. Der zweite Punkt ist das Prinzip der Kapitalneutralisation. Dies ist der Versuch, die private Aneignung von Gewinnen zu verhindern. (Oft stellt sich dieses Problem nicht, da in vielen Betrieben eher Verluste als Gewinne entstehen, nicht zuletzt, weil es auch zwischen selbstverwalteten Betrieben Konkurrenz gibt. Dies gilt in gewissem Maß auch für die Krebsmühle, die noch immer Mühe hat, die notwendigen Gelder jeweils rechtzeitig zu beschaffen.) Aber es kristallisiert sich bereits eine Infrastruktur, die an diesem Punkt sehr hilfreich wirken kann. Dazu gehören Einrichtungen wie Netzwerk, die erst kürzlich gegründete Ökobank, aber auch der Förderverein für die Krebsmühle, der die Rolle des Trägers übernommen hat und die Kapitalneutralisation garantieren soll.

Die Betriebsteile

Im Laufe der Zeit haben sich unter dem Dach der Krebsmühle eine ganze Reihe unterschiedlichster Arbeitsbereiche herausgebildet. So gibt es einen Bautrupp, der nach eigenen Vorstellungen und Entwürfen ein Haus innen wie außen verschönert. Die Gebäude, vor Einzug des Kollektivs schon fast zu Ruinen verkommen, befinden sich heute wieder in einem ansehnlichen Zustand. An vielen Stellen sieht man die spielerischen Einfälle der Bautruppmitglieder, jedoch ist wohl noch auf Jahre hinaus viel zu tun. Weithin bekannt und vor allem im Sommer auch als

Ausflugsziel beliebt sind Kneipe und Café. Dies gilt ebenso für die vielen kulturellen Veranstaltungen, die nicht nur von der »Szene« besucht werden. Zur Finanzierung dieser kulturellen Arbeit in und mit der »Arena« tragen alle Abteilungen bei.
Wir beginnen unseren Rundgang in der Druckerei, die außerhalb gemeinsam mit der selbständigen »Blätterwald«-Firma untergebracht ist, die den Vertrieb von umweltfreundlichen Papierprodukten übernommen hat. Hier erleben wir gleich ein Beispiel praktischen Netzwerkes, denn es ist üblich, daß sich die Kollegen gegenseitig aushelfen, wenn es notwendig ist. Es fällt uns sofort auf, daß die Kollegin an der Sortiermaschine Ohrenschützer gegen den herrschenden Lärm trägt. Sie findet dies ebenso selbstverständlich wie das Tragen von Sicherheitsschuhen. Überall begegnet uns eine arbeitsame, hektikfreie Atmosphäre. Der Maschinenpark ist veraltet, aber gut in Schuß. Kleinere Reparaturen erledigen die Kollegen selbst.
Was unterscheidet nun die Krebsmühle eigentlich von einem »normalen« Betrieb?, wollen wir wissen. Jürgen, einer der Drucker, gibt uns darauf die folgende Antwort:
»Die Maschinen sind älter, die Gehälter liegen niedriger, aber das Arbeitsklima ist besser.«
Dies ist sicher der Kern der Zufriedenheit, die wir bei fast allen Kollegen, die wir befragt haben, feststellen konnten. Dazu kommt natürlich auch, daß die Drucker in hohem Maße darüber mitentscheiden, was sie drucken. Es ist also durchaus möglich, daß ein Druckauftrag abgelehnt wird. Dies ist ein oft schwieriger Prozeß, weil auch für kleine Änderungen oft langwierige Diskussionen erforderlich sind, aber das führt auch dazu, daß sich die Kollegen aktiv für die getroffenen Vereinbarungen einsetzen.
Wir setzen unseren Rundgang in der Laugerei fort, einem der ältesten Betriebsteile, sicher auch mit den schmutzigsten Arbeitsplätzen auf dem ganzen Gelände. Ein ätzender Geruch durchzieht die Räume, in großen Wannen voll mit einer dunkelfarbigen Lauge werden die Möbel halbautomatisch gewendet. Die Steuerung erfolgt aus einem kleinen Nebenraum durch eine elektronische Anlage. Ein jüngerer ausländischer Kollege beaufsichtigt den Vorgang. Die Kollegen lösen sich mit der Steuerung und der Beaufsichtigung der Wannen jeweils ab. Wir fragen, ob keine Atemschutzmasken benötigt werden, aber der Kollege winkt ab. Er hat zwar eine Schutzmaske, aber sie ist lästig. Er meint, er brauche sie nicht. Sicherheit ist eben auch

eine Frage des Bewußtseins, was sicher für alle Betriebe gilt. Die Brühe, mit der die Möbel abgelaugt werden, wird natürlich nicht in das Abwasser eingeleitet, sondern in einem separaten Kreislauf gehalten. Umweltschutz wird nicht nur als Parole ernst genommen. Die Laugerei gehört zu den wirtschaftlich arbeitenden Betriebsteilen, aber der Aufenthalt hier ist nicht gerade angenehm. Es wird spürbar, daß Arbeit nicht nur Selbstverwirklichung sein kann, sondern gerade hier Last und Mühe. Im direkten Zusammenhang mit der Laugerei steht die eigene Schreinerwerkstatt, in der sowohl Möbel für den Eigenbedarf produziert werden, als auch Restaurierungen im Kundenauftrag durchgeführt werden. Hier treffen wir Bärbel. Sie ist 18 und kommt täglich mit dem Auto von Oberroden zur Arbeit gefahren. Sie erzählt, wie sie zur Krebsmühle gekommen ist:
»Ich habe an einer Fachschule eine Schreinerlehre gemacht. Als ich fertig war, ging die Jobsuche los. Ich habe mich dann auf eine Zeitungsannonce hin bei der Krebsmühle beworben. Heute bin ich sehr froh darüber, daß das geklappt hat. Mir gefällt einfach das lockere Arbeitsklima hier, auch die sehr weitgehende Selbstbestimmung bei der Arbeit. Allerdings fände ich es gut, wenn es ein besser ausgebautes System innerbetrieblicher Kontaktpersonen gäbe, etwa so etwas wie gewerkschaftliche Vertrauensleute.«
Dieses Bedürfnis hängt mit der für einen selbstverwalteten Betrieb ungewöhnlichen Größe zusammen. Vorbei sind die Zeiten, in denen alle, die ihre Arbeitskraft in das Projekt einbrachten, auch am gesamten politischen und gesellschaftlichen Leben der Gruppe teilnahmen. Dieses unterschiedliche Engagement wird durchaus problematisiert, wie uns Thomas bestätigt, und man ist ständig darum bemüht, die Entstehung zweier Klassen von Mitarbeitern zu verhindern. Für Bärbel jedenfalls steht fest, daß sie hierbleiben will, wenigstens die nächsten Jahre.
Das gilt auch für den Laden, den wir anschließend besuchen. Vor allem junge Leute begegnen uns, von manchen geringschätzig als Latzhosengeneration abgetan. Unser Besuch und unsere Fragen sind für die Kollegen nichts Besonderes. Fast schon regelmäßig kommen ganze Besuchergruppen hierher. Sei es aus dem gewerkschaftlichen Bereich (man unterhält enge Kontakte zur Bildungsstätte der Gewerkschaftsjugend in Oberursel), seien es von kirchlichen oder politischen Trägern veranstaltete Führungen, die sich großer Beliebtheit erfreuen. Wir

fragen nach dem politischen Selbstverständnis, ob man sich z. B. gemeinsam an Friedensdemonstrationen oder anderen Aktionen beteiligt. Michael, der im Moment als Verkäufer fungiert, antwortet:
»Nein, in dieser Richtung sehe ich meine politische und gesellschaftliche Betätigung nicht. Aber hier, in diesem selbstverwalteten Betrieb zu arbeiten, das ist ein erster Schritt zur gesellschaftlichen Veränderung, hin zu einer demokratischeren, gerechteren Welt.«
Der Verkaufsraum hat etwas von Tante-Emma-Laden, hier werden die Produkte der Krebsmühle vertrieben, Möbel, Wolle, biologischer Heimwerkerbedarf und Antiquitäten.
Etwas überrascht waren wir, als wir erfuhren, daß sich in den Gebäuden der Krebsmühle seit einiger Zeit auch eine Gruppe von Mitarbeitern mit Computern beschäftigt. Dies wird als ebenso selbstverständlich betrachtet wie die Ausbildung von Lehrlingen in der Mechanikerwerkstatt, wo vor allem Autos repariert werden.
»Text-Line« ist als selbständige Firma im Rahmen der Projekte der Krebsmühle sicherlich der am weitesten von den gängigen Vorstellungen eines alternativen Betriebes abweichende Betriebsteil. Seit etwa fünf Monaten sind hier Bemühungen im Gange, die elektronische Datenverarbeitung nutzbar zu machen. Zwar nimmt sich die installierte Hardware eher bescheiden aus, doch durch die Unterstützung von Rolf und anderen engagierten Kollegen sind erste Erfolge für praxisorientierte Anwendungen schon zu verzeichnen. Zur Zeit beschäftigt man sich vornehmlich mit Text- und Grafikverarbeitung, besonders auch in der Kombination.
Zum Schluß unseres Rundgangs kehren wir zum Café zurück, das zugleich auch die Betriebskantine ist. Mittlerweile sind die ersten Abendgäste eingetroffen, auch einige Kinder. Sie gehören bei der Krebsmühle einfach dazu und werden auch im Kulturprogramm berücksichtigt, wie im täglichen Leben.
Zu den Arbeitsbedingungen in der Küche beantwortet Eva unsere Fragen, die als einzige unserer Gesprächspartner einen etwas nervösen Eindruck macht. Sie erzählt, daß in der Küche im Zwei-Schichten-Betrieb gearbeitet wird. Sie hat vor ihrem Job in der Krebsmühle in einer Großkantine gearbeitet. Auch sie hat sich auf eine Stellenanzeige in einer Zeitung beworben. Es ging ihr darum, der Hackordnung, wie sie in anderen Betrieben herrscht, zu entkommen. Sie meint, daß die Konfrontation un-

ter den Kollegen doch manchmal ziemlich stark ist, und sähe es lieber, wenn nicht soviel diskutiert würde. Sie fühlt sich verantwortlich, daß die Qualität bei den Produkten stimmt, die in der Küche verarbeitet werden. Bei einer Anzahl von durchschnittlich sechzig Mittagessen und einer noch größeren Zahl von Abendgästen eine nicht leicht zu bewältigende Aufgabe für die Küchentruppe. Und dann wird, wie in anderen Betrieben auch, über das Essen gemeckert; obwohl keiner kontrolliert, wieviel man ißt. In dieser Frage ist man so tolerant, wie auch z. B. beim Telefonieren. An erster Stelle steht immer das Vertrauen, Kontrollen werden nicht durchgeführt bzw. man überläßt es der jeweiligen Arbeitsgruppe, korrekt abzurechnen.

Die Vielfalt der Bereiche bietet eine gewisse Sicherheit für den Bestand des ›Experiments Krebsmühle‹ mit all seinen Problemen und Widersprüchen. Auch wenn es keine Nischen im Kapitalismus gibt, so besteht doch die Möglichkeit, schon hier und jetzt freundlicher, demokratischer, gerechter miteinander umzugehen, wenigstens einen Teil der Hoffnungen und Träume, die doch in jedem schlummern, in die Realität umzusetzen. Daß dies ein steiniger Weg ist, voller Gefahren und Irrtümer, wissen auch diejenigen, die ihn gehen. Arbeiterselbsthilfe, das ist nicht nur der Name, den sich die Krebsmühlen-Gruppe gegeben hat, das ist zugleich ein Anspruch, die bestehenden Verhältnisse zu verändern.

Die Autoren

Georg Diederichs: (1954), Krankenpfleger, Autor, Zeichner, Mitglied in der dju, IG Druck und Papier
Anne-Rose Dostalek: (1952), Verlagsangestellte, Betriebsrätin, Gewerkschaft HBV, Werkstatt Frankfurt
Heinrich Droege: (1933), Fernmeldetechniker, Vorstandsmitglied der DPG, Werkstatt Frankfurt
Ingrid Eißele: (1962), Redakteurin, Waiblingen
Eberhard Kirchhoff: (1952), freier Schriftsteller, Mitglied im VS, IG Druck und Papier, Werkstatt Duisburg
Ulrich Land: (1956), Student, Zivildienst, jetzt Lehrer, GEW, Werkstatt West-Berlin
Jochen Meier: (1928), Gewerkschaft IG Bergbau und Energie, Werkstatt Bergkamen
Gert Midinet: (1955), Kraftfahrer, Gewerkschaft ÖTV, Werkstatt Frankfurt
Jan Palstek (Pseudonym): (1948), Betriebsrat, ÖTV-Vertrauensmann, Werkstatt Bremen
Klaus Pokatzky: Journalist
Jutta Roitsch: (1942), Redakteurin, dju in der IG Druck und Papier
Sabine Rosenbladt: Journalistin
Horst Scharnagl: (1952), Lokomotivführer, GdED, Werkstatt Frankfurt
Franz Scheidel: (1953), Operator, Gewerkschaft HBV, Werkstatt Frankfurt
Bernhard Wagner: (1962), Student, Werkstatt Bielefeld

Die Herausgeber

Werkstatt Frankfurt am Main
des Werkkreises Literatur der Arbeitswelt

Quellenverzeichnis

Klaus Pokatzky: »Die Ausrottung der Bleiläuse«. Aus: *›Die Zeit‹* vom 29. 3. 1985
Jutta Roitsch: »Wenn wir solchen Zirkus machten«. Aus: *›Frankfurter Rundschau‹* vom 4. 11. 1985
Sabine Rosenbladt: »Rums, tack-tack, rums«. Aus: *›Stern‹* Nr. 17/85

Der Werkkreis

In eigener Sache:

»Nichts ist erregender als die Wirklichkeit.« Dieser Ausspruch von Egon Erwin Kisch hat von seiner Aktualität nichts eingebüßt.
Wir denken, daß die Reportage die geeignete Literaturform ist, die Wirklichkeit in unseren Betrieben darzustellen, die geprägt ist von einem zunehmend rauheren sozialen Klima, dem Kampf um Arbeitsplätze, gegen Arbeitslosigkeit und Rationalisierung an allen Ecken und Enden.
Der Werkkreis versucht mit literarischen Mitteln einen Beitrag zur Veränderung der teilweise menschenunwürdigen Zustände in der Arbeitswelt zu leisten. Wir legen besonderen Wert darauf, die Kolleginnen und Kollegen selbst zu Wort kommen zu lassen.
In über 30 Werkstätten von Kiel bis München treffen sich die Mitglieder des Werkkreises, um zu schreiben und über ihre Texte zu diskutieren. Alle interessierten Kolleginnen und Kollegen sind herzlich willkommen. Für Texte und Anregungen sind wir dankbar.

Unsere zentrale Kontaktadresse:

Werkkreis Literatur der Arbeitswelt
Postfach 180227
5000 Köln

Wir kommen gerne zu Lesungen in Schulen, Gewerkschaftshäuser, Jugendzentren, Volkshochschulen, Büchereien und Buchhandlungen. Die dem Werkkreis angeschlossenen Grafiker arbeiten in eigenen Werkstätten zusammen. Kontakte ebenfalls über obige Adresse.

Bitte umblättern:

Aus der Geschichte lernen:

Band 4329

In diesem Buch wird der Versuch unternommen, die Dimensionen des Vertreibungsproblems in seiner Vielschichtigkeit zu analysieren. Es werden die Ursachen geschildert, die weit in die Zeit der Weimarer Republik zurückreichen. Weitere publizistische Dokumente demonstrieren die Situation der Ungewißheit, Angst und banger Erwartung in den Tagen nach dem 8. Mai 1945.

Band 4259

Dieser Band informiert zuverlässig über Hintergründe und die äußerst unübersichtlichen Erscheinungsformen der rechtsextremen politischen Szene. Der rasante Anstieg von Gesetzesverletzungen seit 1979 um mehr als 100 % auf über 2000 Fälle im Jahre 1983 zeigt drastisch, daß der rechtsextremistische Bereich von niemandem mehr verleugnet werden darf und aller Anlaß zu kluger, besonnener Wachsamkeit besteht.

Fischer Taschenbuch Verlag

fi 379/1

Geist und Psyche
Begründet von Nina Kindler 1964

Hermann Glaser

Der sadistische Staat

Sozialpathologische Aspekte der
modernen Gesellschaft
Band 42273

Zentrales Thema dieses Buches ist die Analyse der Hintergründe und auch Abgründe triebdynamisch gesteuerten Gesellschaftshandelns. Die immer noch fehlende Verankerung der Erkenntnisse sexual- und sozialpathologischer Forschung im allgemeinen Bewußtsein läßt eine Wiederauflage des weiterhin aktuellen Bandes geboten erscheinen. Der Autor schreibt in seinem Vorwort zur Neuauflage: »Leider muß man bei den großen und globalen Zusammenhängen von unveränderter Problematik ausgehen: der ›ganz gewöhnliche Krieg‹ – er wütet weiter. Triebe: sie sind mehr denn je Triebkraft der Politik. Die Tage und Jahre sind ›ausgefüllt‹ mit Leichenbergen, mit verstümmelten Soldaten und Zivilisten, mit ausgestochenen Augen und abgeschnittenen Gliedmaßen.« Gottfried Benn meinte: »Man kann sich überhaupt keine Tierart vorstellen, in der soviel Unordnung und Widersinn möglich wäre, die Art wäre längst aus der Fauna ausgeschieden.«
Geschichte sei, so Benn, »die Krankengeschichte von Irren«. Geschichte als Sozialpathologie: die Kontinuität ist »gewährleistet«. Auschwitz hat keine Umkehr bewirkt.

Fischer Taschenbuch Verlag

fi 480/1

Hermann Glaser

Bundesrepublikanisches Lesebuch
Drei Jahrzehnte geistiger Auseinandersetzung
Band 3809

»Der Versuch einer Beschreibung des ›Klimas‹ der Bundesrepublik, der Menschen, die in ihr leben, des Geistes, der in ihr waltet, der kulturellen Errungenschaften, auf die sie stolz ist, der Verdrängungen, an denen sie leidet – ein solcher Versuch dokumentiert die Präsenz des Vergangenen: Was damals begann, ist heute noch aktuell und wird morgen weiterhin wirksam sein.«
Hermann Glaser

Soviel Anfang war nie
Deutscher Geist im 19. Jahrhundert
Ein Lesebuch. Band 5387

»Soviel Anfang war nie« – dieses Wort eines Zeitgenossen charakterisiert treffend den deutschen Geist im 19. Jahrhundert. Es war ein Jahrhundert der Auf- und Umbrüche, der Verwerfungen und Eruptionen, der Evolutionen und Revolutionen, aber auch ein Jahrhundert, in dem sich Abgründe auftaten, die immer schwindelerregender, gefährlicher, unheimlicher wurden. Daß in Deutschland so wenig vom Denken des deutschen Geistes realisiert, so wenig vom Kopf auf die Füße gestellt wurde, rechtfertigt nicht, jene Anfänge heute gering zu achten. Die vorliegende Anthologie handelt jedoch vom deutschen Geist – vor seiner Verkehrung in den Ungeist.«
Hermann Glaser

Fischer Taschenbuch Verlag

fi 376/1

fi 107/3